Zora Gienger

Hochsensibel

Leben mit besonderen Gaben

Smaragd Verlag

Bitte fordern Sie unser kostenloses Verlagsverzeichnis an:

Smaragd Verlag e.K.
Brückenstraße 25
D-56269 Dierdorf
Tel.: 02689-92259-10
Fax: 02689-92259-20
E-Mail: info@smaragd-verlag.de
www.smaragd-verlag.de

Oder besuchen Sie uns im Internet unter der obigen Adresse und melden Sie sich für unseren Newsletter an.

Erste Auflage: Juni 2019

Umschlaggestaltung: preData
Satz: Gaby Heuchemer
Druck: CPI books GmbH, Leck
ISBN 978-3-95531-182-7

Inhalt

Liebe Leserin, lieber Leser,

mit sehr viel Freude lade ich dich ein, alle deine Gaben mit viel Liebe, Lust und Leidenschaft in deinem Leben zu integrieren und sie wirken zu lassen. Dieses Buch hilft dir, dich selbst und deine medialen und sensitiven Wahrnehmungen besser zu verstehen und handzuhaben, um deine Gaben wertzuschätzen und dir selbst, deiner Umwelt und der ganzen Schöpfung zur Verfügung zu stellen. Und zwar so, dass es dich selbst glücklich macht und nicht anstrengt, erschöpft oder auslaugt.

In diesem Buch geht es nicht darum, wie du empathisch wirst und deine Medialität erlangst, erhöhst und ausbaust, sondern um den Erhalt deiner Gaben, mit denen du schon geboren wurdest, oder die sich im Laufe deines Lebens entfalten konnten. Es geht darum, deine Gaben so zu bündeln und zur Anwendung zu bringen, dass sie zu einem Strahl von Glückseligkeit werden und nicht zu einer unerträglichen Bürde, wie es für viele Menschen oft der Fall ist, wenn sie hochsensibel, empathisch und medial veranlagt sind.

Aus eigener Erfahrung weiß ich, dass mediale Wahrnehmungen, ein hoher Grad an Empathie und eine hohe Empfindsamkeit im Leben nicht immer von Vorteil sind. Meistens ist es eher eine Last, so viel wahrzunehmen und hochsensibel auf alle Umweltreize zu reagieren. Es trennt von allen anderen Menschen, denn alles, was von der Norm abweicht, wird von außen misstrauisch beäugt, ausgegrenzt oder sogar verspottet und verbannt. Obwohl es immer mehr Menschen gibt, die im Zuge der Schwingungserhöhung weit geöffnete Sinne entwickeln oder schon so geboren werden, bilden sie immer noch eine Minderheit und sind nicht selten überfordert mit einer

Welt, in der sich alles immer schneller zu drehen scheint und der technische Fortschritt kaum mehr zu verkraften ist.

Hinzu kommt, dass mediale Wahrnehmungen nicht immer eindeutig und klar abgrenzbar sind und zu diffusen Erschöpfungszuständen führen, weil mediale und vor allem hochsensible, empathische Menschen immer auch in Resonanz sind mit Feldern anstrengender Energie. Das führt dazu, dass sich die Betroffenen zurückziehen, manchmal richtiggehend menschenscheu werden und allem ausweichen, was ihren Leidensdruck erhöht. So gehen sie kaum mehr aus, meiden Massenveranstaltungen, Großstädte und überfüllte Plätze. Sie informieren sich nicht mehr über Politik und Wirtschaft, schauen keine Nachrichten mehr und wollen nichts sehen und hören, was mit Schreckensbotschaften zu tun hat. Entsprechend nutzen sie die klassischen Medien wie Fernsehen, Nachrichtenkanäle, Computer oder Handy nicht mehr oder nur noch für nette Vergnügungen. Sie meiden Plätze und Orte, die keine harmonische und klare Ausstrahlung haben, und leiden in Häusern und Wohnungen, in denen unklare Energieströme vorherrschen. Vor allem aber meiden sie andere Menschen. Dazu gehören Geburtstagsfeiern innerhalb der Familie, Partys, Events, Veranstaltungen, Kurse, Seminare und Ausbildungen. Und auch das Leben am Arbeitsplatz wird für viele medial und empathisch veranlagte Menschen zum unerträglichen Spießrutenlauf.

Doch es kann nicht das Ziel im Leben sein, sich als Einsiedler völlig vom Leben zurückzuziehen. Dazu sind wir nicht auf der Welt! Das Leben hält spannende und intensive Erfahrungen für jede Seele bereit. Dazu gehört auch, die mitgebrachten und erworbenen Gaben zum Wohl aller freudvoll zu leben und zu erleben. Es gilt nicht, unsere medialen Gaben zu verstecken und zu verleugnen, sondern sie aktiv und zielgerichtet im Leben zum

Einsatz zu bringen, als Gabe der Liebe und der göttlichen Bestimmung. Die Gabe der Medialität möchte gelebt werden und Quelle der Freude sein.

Doch wie soll das funktionieren, wenn das sensitive, mediale Dasein so viel Stress und Unwohlsein bereitet, und zwar körperlich wie seelisch?

Dieses Buch bringt Ordnung in den medialen Alltag. Es bringt dir bei, dich so anzunehmen und zu lieben, wie du bist, und deine Gaben zur Anwendung zu bringen, und zwar ganz bewusst und zielgerichtet. Du erfährst – vielleicht zum ersten Mal im Leben – dass du nicht unkontrolliert überrollt wirst von all den Eindrücken und Wahrnehmungen, die kaum zu verarbeiten sind. Stattdessen erhältst du die Macht zurück, selbst bestimmen zu können, wie du die Dinge im Alltag auf welche Weise wahrnimmst und verarbeitest. Niemals ist der Mensch dem Leben komplett hilflos ausgeliefert. Du bist der Schöpfer deiner Wahrnehmungen, deines Lebens und der Art und Weise, wie du damit umgehst. Du entscheidest, in welche Richtung du deine sensitiven Eindrücke lenken möchtest.

All das ist dir möglich, sobald du Bescheid weißt, was in dir vorgeht und wie du damit umgehen kannst. Auch wenn es Erfahrungen gibt, in denen du die Situation einfach so annehmen musst, wie sie ist, um wieder ins Gleichgewicht zu gelangen, hast du immer die freie Wahl. Entscheide deshalb selbst. Werde zum Schöpfer und bringe dann deine Gaben heilsam in die Welt mit ein. So gibst du deinem Leben einen ganz besonderen Sinn.

Du wirst in diesem Buch aber auch immer wieder kritische Worte lesen, denn es gibt einerseits sehr viele medial veranlagte Menschen, die mit ihren Gaben überfordert sind, und andererseits eine große spirituelle Kommerzialisierung, wobei mediales Rüstzeug eingesetzt wird, um Menschen zu manipulieren, zu täuschen und zum Konsum anzuhalten. Und während viele Menschen ihre Gaben mit viel Liebe und Begeisterung zum Wohl aller zum Einsatz bringen, tun es andere aus rein egoistischen Motiven. Nirgends ist die Bandbreite der Intentionen so groß wie im medialen Dienstleistungssektor.

Du, lieber Leser, liebe Leserin, bist deshalb aufgerufen, ganz klar deine Erlebniswelt auf den Prüfstand zu stellen und zu erkennen, was für dich persönlich gut und richtig ist, und was einem höheren Ziel im Leben dient.

Folge der Spur deines Herzens und den Aufgaben deiner Seele. Fühle stets bei all deinen Empfindungen und Wahrnehmungen das göttliche Dasein in dir, die allumfassende Liebe für die Schöpfung und für dich selbst. Gehe deinen Lebensweg in Hingabe, Dankbarkeit und Liebe. Lass wahres Mitgefühl dein Licht und Leitgedanke sein.

Sei mutig und tapfer. Deine Gaben sind ein Geschenk an dich und die ganze Welt.

Ich bin auf diesem Weg bei dir. Du bist nicht allein.

Freue dich auf ein Leben in Fülle und Freude.

In Liebe, deine Zora

Meine eigene Geschichte

Wie so viele hochsensible, empathisch und medial veranlagte Menschen bin ich mit dieser Gabe geboren worden. Ich kenne es nicht anders, als stets mit allen Sinnen dieser Welt zu begegnen, mit ganz viel Freude, aber auch viel Schmerz an meiner Seite. Ich nehme mehr wahr, als mir oftmals lieb ist. Vor allem bin ich jemand, der sehr viel spürt. Ich spüre alle Arten von Energien – all das, was vordergründig nicht erkennbar ist. Ich spüre hinein in Bereiche, die jenseits vom Irdischen sind, zum Beispiel in die fantastische Welt der Feen und Elfen, der Engel und der Geistigen Welt. Für mich sind diese Ebenen real spürbar und erlebbar. Und ich „spreche“ mit Pflanzen, Landstrichen, Tieren und geistigen Wesen. Nur die Menschen an meiner Seite konnte ich manchmal nur schlecht verstehen, weil ihre Denkweise und ihr Handeln so extrem weit von meinem entfernt waren und sind. Durch meine Gutmütigkeit und meine eigene Schwingungsfrequenz der Güte und Liebe sind mir Denkweisen, die nur nach dem eigenen Vorteil streben, völlig fremd.

Das führte dann sehr schnell und leicht dazu, dass ich wie ein naives Kind von vielen Menschen ausgenutzt wurde und immer noch werde. Menschen, die nicht ebenfalls fein, rein und ganzheitlich denkend sind, hatten leichtes Spiel mit mir. Zum Teil kam ich gar nicht auf die Idee, dass ich manipuliert wurde, einfach auch deshalb, weil ich überwiegend im Wir-Bewusstsein denke, fühle und handle, und Menschen gerne zur Seite stehe. Für mich war es von Anfang an im Leben wichtig, einen Nutzen für die gesamte Schöpfung zu sehen und entsprechend so zu leben und zu handeln, dass es möglichst vielen Geschöpfen gut geht. Nur an mich selbst zu denken, empfinde ich als nutzlos. Es macht weder Freude noch Sinn, nur mein eigenes Wohl im Kopf zu haben, noch dazu eventuell auf Kosten des Wohls anderer. Und noch heute fällt es mir schwer, mal nur an mich selbst zu denken, denn es ist langweilig für mich und bedeutet mir wenig.

Ich lerne deshalb mühsam, auch einmal egoistisch zu sein, mich durchzusetzen, eine eigene Meinung zu vertreten und unbequem für andere zu sein. Für empathisch lebende Menschen ist das die größte Herausforderung im Leben, dieses Ich-Bewusstsein zu erleben und es wirklich auch zu mögen. Denn meistens bedeutet es uns nichts. Es fühlt sich rückschrittlich an, und im Inneren entsteht ein Gefühl von steinzeitlichem Gegeneinander. Empathische Menschen aber sehen stets das Potenzial jedes Menschen und wollen Unterstützung bieten, einer positiven Evolution auf die Sprünge zu helfen.

Es besteht trotzdem weiterhin eine Diskrepanz zwischen dem Ich-Bewusstsein und dem Wir-Bewusstsein. Das Wir-Bewusstsein bringt Erfüllung, Freude, Entwicklung, Ausdehnung und, vor allem, ein Fühlen und Erfahrung vom Sinn im Leben. Das kann das Ich-Bewusstsein alleine nicht. Es hinterlässt einfach nur Leere. Nur seine eigenen Bedürfnisse zu erfüllen ist öde. Es fühlt sich auf Dauer sinnlos an, auch wenn es kurzzeitig Freude bereitet.

Aber gerade weil ich es nicht schaffte, mich im Ich-Bewusstsein wohlzufühlen, kam ich mir immer falsch im Leben vor. Es fehlte etwas Grundlegendes, und mein Dasein machte keinen Sinn.

Deshalb war es wichtig für mich zu lernen, mich so anzunehmen, wie ich bin, ohne am Leben zu verzweifeln und meine hochsensible, empathische und mediale Art zu verurteilen.

Durch solche gravierenden und großen Unterschiede im Denken, Fühlen und Handeln entstehen natürlich immer auch viele Missverständnisse, weil man im Grunde aneinander vorbeiredet, und weil jeder anders tickt. Das macht es mir heute noch schwierig, mit Menschen zurechtzukommen, die rein irdische Interessen vertreten und auf ihren eigenen Vorteil bedacht sind. Vor allzu narzisstischen und egoistischen Menschen ziehe ich mich guten Gewissens heute noch zurück, weil Begegnungen nur in einer unbefriedigten Situation des Unverständnisses enden, und ich immer wieder Gefahr laufe, über den Tisch gezogen, bevormundet, manipuliert und gedemütigt zu werden.

Auch wenn Menschen wie ich überwiegend im Wir-Bewusstsein leben, haben wir alle auch ein Ich-Bewusstsein, das instinktiv Grenzen setzt, wenn sich etwas komisch anfühlt, wenn Gefahr droht und Selbstschutz notwendig ist.

Ich habe mich zwar Zeit meines Lebens fremd im irdischen Dasein gefühlt, aber mein kindliches Gemüt hat dazu beigetragen, dass es mir als Kind nicht immer so viel ausgemacht hat. Mein Ich-Bewusstsein hat mich instinktiv geschützt. Als Kind konnte ich deshalb unbeschwert mit meinem Anderssein umgehen, wofür ich sehr dankbar bin. Ich fand es normal, anders zu sein als alle, weil ich ja nichts anderes kannte als diese Andersartigkeit.

Schon immer liebte ich lange, hübsche Kleider. Als Jugendliche mit wallenden Kleidern in die Schule zu kommen, war schon ein Affront für alle anderen. Aber ich habe es allen zugemutet, weil es mir gleichgültig war, gemobbt zu werden, also dem allgemeinen Spott ausgesetzt zu sein. Spott hat mich immer begleitet, aber ich lebte ja in meiner eigenen Welt. Und dort ging es mir gut. Mein Schutz, dass schon alles richtig ist, wie es ist, und mein kindliches Gemüt haben (fast) allen Schmerz an mir abprallen lassen. Und so wäre ich nie auf die Idee gekommen, mich allen anderen anzupassen. Ich wollte gar nicht zu irgendeiner Gruppe dazugehören, in der ich mich sowieso nicht wohlgefühlt hätte. Nicht zu dem Preis, mein eigenes Selbst aufgeben zu müssen.

Das habe ich schon als Kleinkind im Kindergarten instinktiv erfasst und scherte mich wenig darum, eine Einzelgängerin zu sein, und auch, dass keiner mit mir spielen wollte. Ich habe einfach mein Ding durchgezogen, auch wenn das bedeutete, ziemlich einsam im Alltag dazustehen. Aber ich hatte ja immer meine Pflanzen. Mit ihnen konnte ich sprechen. Der Garten, in dem ich aufwuchs, war mein Zauberreich, meine Feen- und Elfenwelt, mein Raum, in dem Engel und wunderschön liebende, geistige Wesen lebten. Also fühlte ich mich nicht wirklich einsam.

Trotz vieler Krankheiten, die ich ins Leben mitbrachte und die mich stets begleiteten, hatte ich eine schöne Kindheit. Und ich konnte so sein, wie ich bin. Das war das Glück, in einem großen geheimnisvollen Garten aufzuwachsen und so ziemlich mir selbst überlassen zu sein. Ich brauchte keine Fremden, die mit mir spielten. Meine Schwester und ich, wir konnten uns wunderbar selbst beschäftigen. So konnten sich meine Gaben unbeschwert weiter entfalten, gerade deshalb, weil ich von meinem Ich-Bewusstsein beschützt wurde.

Was ich als Kind allerdings schon damals gut wahrnehmen konnte, waren mein Einfühlungsvermögen und mein extrem angeschlagenes Nervensystem. Ich war schüchtern und so sensibel, dass ich kaum etwas ertragen konnte, was mich überreizte. Lautes, Derbes, Anstrengendes, Bedrückendes – das war mir schon als Kind ein Stressfaktor. Diese Energien konnte ich schon immer spüren. Ich wusste, wenn es anderen Kindern schlecht ging, wenn sie wütend oder traurig waren, oder wenn sie neidisch waren auf meine Unbekümmertheit. All diese Energien nahm ich in mir auf.

Als Allergikerin und Neurodermitikerin verstärkte das meine Plagen. Meine Haut juckte. Ich zog mir seltsame Hauterkrankungen zu, die niemand behandeln konnte, und reagierte weiterhin sehr überreizt auf alles Laute, Schnelle und Unübersichtliche. Ich war also schon als Kind oft gestresst und wenig widerstandsfähig den Anforderungen des Lebens gegenüber. Dauernd gestresst zu sein ist ein Kennzeichen fast aller hochsensibel, medial und empathisch geborenen Menschen.

Als Erwachsene merkte ich dann schnell, wo meine Grenzen waren. Mir war fast alles immer viel zu viel. Frustriert brauchte ich mehrere Anläufe, um endlich einen Führerschein zu machen. Und Autofahren stresst mich auch heute noch extrem. Ich habe immer noch Angst davor, weil mich eben alles Schnelle, Laute und Unübersichtliche komplett aus der Bahn wirft. Dann erlebe ich einen Blackout im Hirn, verliere die Übersicht und bekomme Panik. Mein Hirn funktioniert dann nicht mehr, sondern versinkt in einem Chaos der Überforderung.

Leider hat die in den letzten dreißig Jahren einsetzende Technisierung der Welt dazu geführt, dass ich noch verwirrter wurde. Immer mehr Technik kam auf den Markt, immer neuere Entwicklungen, immer bessere Geräte, die ich nie im Leben alleine bedienen konnte und kann. So dauerte es zum Beispiel beinahe zwei Monate, bis ich es schaffte, den neuen Fernseher zu nutzen. Die Vielzahl technischer Möglichkeiten wirkt bei mir so verwirrend, dass ich nur noch genervt und überreizt bin. Nur mühsam eigne ich mir neues technisches Wissen an und muss ständig nachfragen, wie man was bedient. Kaum hat man es mir erklärt, vergesse ich es wieder und kann mir nur das merken, was ich täglich mehrmals wiederholen muss. Dann sickert es langsam in mein Gedächtnis, aber wehe, ich brauche eine Anwendung eine oder zwei Wochen nicht mehr. Dann muss man es mir erneut beibringen, was meine Umwelt extrem nervt.

Nein, ich bin nicht dumm, aber ich habe eine Teilleistungsschwäche, was die rasant voranschreitende technische Entwicklung anbelangt. Und alles Mathematische.

Es ist gar nicht so seltsam, dass ich diese Art von „Technik-Demenz" an vielen hochsensiblen, empathischen und medial veranlagten Menschen bemerke. Das damit verbundene Multitasking wirkt verwirrend. Das Gehirn kann die Vielfalt an Reizen und Einsatzmöglichkeiten nicht verarbeiten und liefert „schwarze Löcher" beim Begreifen und Verstehen.

Die Erfahrung, sich nicht auf das eigene Gehirn verlassen zu können, fördert das Gefühl von Angst und Überforderung. Das ist nicht bei allen medialen, empathisch und hochsensiblen Menschen so, aber doch bei sehr vielen, denn ihre Gehirne leisten anderes. Sie sind eingebunden in eine Wahrnehmungsvielfalt, die anderen komplett fehlt. Und so ist es auch bei mir.

Als Ausgleich kann mein Gehirn so viel mehr zwischen den Welten wahrnehmen, dass einfach keine Kapazität für Technik übrig ist. Das ist bedauerlich, aber nicht zu ändern. Wenn ich versuche, noch mehr in mein Leben hineinzupressen, reagiert mein Körper mit weiteren Schüben Juckreiz, tränenden Augen und anderen lästigen Stresserscheinungen, bis mein Nervensystem kollabiert.

Also versuche ich, das Beste aus der Situation zu machen. Mir hilft es dann zum Beispiel bei technischen Geräten, mir einzelne Anwendungsschritte und Vorgehensweisen Schritt für Schritt aufzuschreiben. Mit diesen Notizzetteln kann ich es dann manchmal auch ohne fremde Hilfe schaffen.

Als meine Kinder noch klein waren, setzte bei mir eine neue Art der Medialität ein, die ich lange nicht verstand. Ich wurde auf energetische Weise mit dem Weltgeschehen und all dem Leid der Welt vernetzt. Ich schreibe ganz bewusst „ich wurde vernetzt", denn dies lag außerhalb meiner bewussten, willentlichen Entscheidung. Es geschah einfach, und erst später begriff ich, dass es mit zu meinem Seelenweg gehört und meine Seele schon längst damit einverstanden war. Nur als Mensch bekam ich das nicht mit, sondern dachte Jahre lang, ich würde unter extremen Stimmungsschwankungen, schmerzhaften Körperprozessen und depressiven Schüben leiden. Erst viel später wurde mir bewusst, dass ich in Resonanz war mit irgendeinem Ereignis auf der Welt, das leidvoll war. Ich reagierte also körperlich auf solche Ereignisse mit starker Trauer, dem Gefühl von Hilflosigkeit und Sinnlosigkeit. Es fühlte sich entsetzlich an. Manchmal heulte ich tagelang deswegen, bis es plötzlich verschwunden war, so, als hätte jemand einen Lichtschalter bedient. Es gab Tage, da wachte ich schon morgens damit auf. Und dann war es von einer Sekunde auf die andere wieder weg. Ich war in Resonanz mit einem Feld von Leid und Schmerz. Und das war nicht meins.

Bald darauf erging es mir so bei spirituellen Kursen und Seminaren. Das ganze Leid der Teilnehmer ging auf mich über. Ich übernahm deren Energie und fühlte mich völlig fertig. In der U-Bahn, im Umgang mit Patienten, im Supermarkt, auf Veranstaltungen, in der Stadt – überall ging es mir nicht gut. Doch ich war noch nicht geübt darin, zu erkennen, wo genau diese

Energie herkam, die ich direkt in mir spüren konnte. Ich dachte viele Jahre lang, ich selbst wäre krank und Schuld an meinem Innenleben, und bezeichnete mich als Freak und weltfremd, sowie „nicht ganz normal".

Hinzu kam, dass meine Umwelt mir genau das zu verstehen gab, nämlich, dass mit mir etwas nicht stimmte. Ein beliebtes Argument, das besonders Frauen in solchen Situationen oft zu hören bekommen, ist: „Bei dir spinnen mal wieder die Hormone."

Es dauerte Jahre, bis ich herausfand, dass dieses Unwohlsein, das Empfinden von Leid, Trauer und Angst, übernommen war, und ein leidvoller Teil von mir voll in Resonanz ging mit der Gefühlswelt von anderen, obwohl das alles mit mir oftmals in keinster Weise zusammenhing. Es war also nicht mein eigenes Leid, das im Augenblick zum Vorschein kam und mir körperliche Beschwerden bereitete, sondern das Leid anderer Geschöpfe. Dazu gehörten auch Tiere und Pflanzen. Ich konnte also auch spüren, wenn es einer Pflanze nicht gut ging. Ich fühlte ihren Schmerz am eigenen Leib, wusste aber nicht, dass es von der Pflanze kam. Grausame Weltsituationen, kosmische Energien, außerirdische Strömungen – ich konnte auf alles reagieren, ohne zu wissen, was es war.

Das war unglaublich kräftezehrend und anstrengend. Mein einziger Ausweg schien mir der Rückzug zu sein.

Ich besuchte keine Kurse mehr, vermied Menschenansammlungen und zog mich in meinen Garten zurück, um mich dort zu erholen, denn die Pflanzen gaben mir sehr viel Energie und nahmen nur wenig, auch wenn sie mal „jammerten".

Doch die Dauererschöpfung war nicht zu bändigen. Ich hatte das Gefühl, mich nirgends mehr wohlzufühlen und mich nur noch von der gesamten Welt zurückziehen zu wollen. So konnte das nicht weitergehen!, zumal ich merkte, dass die üblichen Schutzrituale bei mir keinerlei Wirkung zeigten.

Lieb gemeinte Aufforderungen, doch mehr bei mir selbst zu bleiben, statt meine Gefühlswelt und meine Wahrnehmungen zu sehr nach außen zu lagern, ließen mich irgendwann nur noch schmunzeln. Denn ich bin ein Mensch, der sehr stark bei sich selbst sein kann. Ich nehme mein Dasein ständig wahr, erlebe meine körperlichen, mentalen und emotionalen Vorgänge sehr bewusst und lebe deshalb hervorragend in meiner eigenen Innenwelt. Jedes Unwohlsein spüre ich sehr schnell, mein Körper „spricht" dann zu mir, und ich höre ihm zu und vermeide auf diese Weise zum Beispiel Nahrungs- und Genussmittel, die mir nicht guttun. Nach 19 Uhr nehme ich zum Beispiel keine Speisen mehr zu mir, weil ich weiß, dass sie dann nicht mehr gut für mich sind. Ich gehe früh ins Bett und sorge für genügend Schlaf und Erholung. Aber meine sehr ausgeprägte empathische Medialität sorgt eben dafür, dass ich gleichzeitig ganz bei mir und doch eingebunden und verbunden mit anderen Feldern bin. Und mir ist mittlerweile beides sehr bewusst. Die Ratschläge, mehr bei mir selbst zu bleiben, haben also gar nichts gebracht.

Ich musste meinen eigenen Weg finden, um meine Gaben wieder ins Leben einbringen zu können.

Heute bin ich viel gelassener. Ich lebe immer noch weitgehend zurückgezogen, aber nicht mehr so vehement. Ich habe den Mut und die Kraft, meiner Aufgabe gerecht zu werden und mich glücklich zu fühlen, so, wie ich bin, mit all meinen Gaben und Schwächen.

Ich empfinde meine Medialität, meine Eigenschaft, empathisch zu sein, und meine Sensitivität nicht mehr als Strafe, sondern als großes Geschenk, mit dem ich helfen kann, die Welt mit Heilkraft zu erfüllen. Dafür bin ich dankbar.

☆☆☆

Was ist Medialität im Vergleich zu Hochsensibilität und Empathie?

Nicht immer lassen sich Medialität, Empathie und Hochsensibilität voneinander trennen. Im Grunde wirken sie gemeinsam und sind in unterschiedlicher Intensität individuell ausgeprägt. Dennoch lassen sich Unterschiede feststellen, die aber im täglichen Leben immer wieder zusammen wirksam werden.

Wer medial veranlagt ist, verfügt über sehr feine Sinne, die mehr wahrnehmen können als im Normalfall die Allgemeinheit der Menschheit. Medialität ist trotzdem nicht ganz dasselbe wie Hochsensibilität und Empathie. Es gibt eben feine Unterschiede.

Hochsensible Menschen weisen im irdischen Bereich verfeinerte Sinne auf. Sie nehmen alles, also ihre direkte Umwelt, viel stärker wahr als Menschen, die über ein gutes Filtersystem verfügen und unerwünschte Sinneseindrücke besser ausblenden können. Hochsensible Menschen empfinden Sinneseindrücke aller Art als sehr stark und vereinnahmend. Sie sind von all diesen Eindrücken oftmals überfordert und schnell überreizt, und legen somit eine gewisse Empfindsamkeit an den Tag. Sie empfinden auch Gefühle und Gedanken sehr stark und intensiv, können sich also sehr schnell verletzt fühlen, beleidigt und enttäuscht sein, oftmals viel stärker, als der Situation angemessen ist. Entsprechend nehmen sie jedoch auch beglückende Eindrücke verstärkt wahr und erleben alles extrem. Himmelhochjauchzend, zu Tode betrübt – sie erleben die ganze Bandbreite der Gefühlspalette mit allen dazugehörigen Gedanken. Wahrnehmungen durch rein hochsensible Menschen finden überwiegend innerhalb irdischer Energiefelder statt.

Empathische Menschen sind sehr mitfühlend anderen Geschöpfen gegenüber. Sie spüren oft am eigenen Leib die Probleme und Beschwerden anderer. Sie können sich gut einfühlen in Sachverhalte, verschiedene Meinungen und Positionen und erkennen den Sinn dahinter. Dadurch überblicken sie alles und können Verständnis für alles und jeden aufbringen. Ihre Wahrnehmungen beziehen sich überwiegend auf das Hier und Jetzt. Sie empfangen Wahrnehmungen, die sich auf ein Gegenüber beziehen, und spiegeln in sich selbst deren Gefühle, Gedanken und Taten. Wahrnehmungen von rein empathischen Menschen finden überwiegend innerhalb irdischer Energiefelder statt.

Medial veranlagte Menschen können hochsensibel und/oder empathisch sein, müssen es aber nicht. Im Gegensatz zu rein hochsensiblen Menschen, deren verfeinerte Sinne im irdischen Bereich übersteigert reagieren, oder empathischen Menschen, die sich in alles und jeden einfühlen können, empfangen medial veranlagte Menschen vermehrt Sinneseindrücke, die dem feinstofflichen Bereich zugeordnet sind. Sie nehmen also nicht nur irdische Sinneswahrnehmungen wahr, sondern auch Energien, die zum rein geistigen Bereich gehören und eine sehr hohe Schwingungsfrequenz aufweisen. Einigen von ihnen ist es sogar möglich, irdische Parameter außer Kraft zu setzen und zum Beispiel jenseits von Raum und Zeit Energien zu empfangen. Sobald sich die klassischen irdischen Parameter verschieben, ist es für medial veranlagte Menschen nicht immer möglich, Ordnung in ihre Wahrnehmungen zu bringen. Dann braucht es Zeit, sich darüber klar zu werden, welcher Zeit die Wahrnehmung zuzuordnen ist (Vergangenheit, Gegenwart, Zukunft), ob die Wahrnehmung die Erde betrifft oder einen ganz anderen Planeten (welcher Raum wird angesprochen), oder von welcher Wesenheit sie ausgesandt wurde (von einem menschlichen Energiefeld, einem tierischen oder pflanzlichen, von einem feinstofflichen Menschen, also einem Verstorbenen, oder von einer Wesenheit außerhalb des irdischen Daseins (Engel, Fee, Drache usw.).

Manche medialen Wahrnehmungen wirken verwirrend, vor allem, wenn sie irdische Parameter sprengen und der Empfänger nicht die geringste Ahnung hat, was da gerade geschieht.

Nicht jeder Mensch bringt dieselben medialen Gaben ins Leben. Bei manchen beschränkt sich die mediale Wahrnehmung auf ein spezielles Energiefeld. So gibt es Menschen, die vor allem Kontakt haben zu Verstorbenen. Manche haben einen besonderen Zugang zu Engeln und anderen Lichtwesenheiten, oder können Energiefelder von anderen Planeten empfangen.

Mediale Wahrnehmungen sind also sehr vielfältig und gehen immer in Resonanz mit der speziellen Lebensaufgabe des Einzelnen. Jeder trägt in sich die mediale Gabe, die mit in seiner Bestimmung liegt und hier im irdischen Dasein Ausdruck erhalten möchte. Das gilt auch für Menschen, die ihre medialen Gaben unterdrücken und ihren freien Willen einsetzen, um sich von „solchem Hokuspokus" fernzuhalten. Da es aber in ihrer Bestimmung liegt, die mediale Wahrnehmung zu entfalten, verfehlen sie im Grunde ihren Lebenszweck und folgen einer anderen Spur im Leben, sobald sie ihre Medialität unterdrücken. Manchmal gibt dann das Leben einen wichtigen Hinweis, um doch noch der eigenen Seelenbestimmung folgen zu können. Oft geschieht das durch Unfälle, Unglücksfälle und schwere Erkrankungen. Sie sollen den Menschen wachrütteln und wieder zurückführen zu seiner medialen Bestimmung.

Medialität drückt sich nie einfach nur so zum Spaß aus! Sie folgt einem besonderen Sinn und Zweck hier im irdischen Dasein, und ist eine wichtige Gabe, die weder verurteilt noch glorifiziert werden sollte. Ebenso wichtig ist es zu begreifen, dass mediale Menschen nicht die besseren Menschen sind. Wer medial ist, ist nicht automatisch weiser, klüger, weiter entwickelt oder erleuchteter als andere. Diese Einteilung entspricht einzig und allein egoistischen Motiven menschlichen Denkens und Handelns. Für jeden Menschen gibt es eine einzigartige Bestimmung auf der Welt. Jede Gabe ist gut, richtig und wichtig. Deshalb ist es wenig sinnvoll, mediale Menschen als Gurus zu sehen und ihnen von vorneherein spirituelle Kompetenz zuzusprechen. Oder sie gar zu bewundern und zu verehren. Hierarchisches Empfinden ist hier völlig fehl am Platz.

Wenn mich zum Beispiel Leser oder Leserinnen kontaktieren, die mich für allwissend halten, stresst mich diese Tatsache sehr. Es liegt mir fern, den Menschen ihre Verantwortung zu nehmen und ihnen zu sagen, was sie zu tun oder zu lassen haben. Das ist Bevormundung. Ich bin keine Hellseherin, die die Zukunft voraussagt. So einen medialen Einsatz halte ich für unseriös und wenig sinnvoll. Jeder Mensch trägt alles in sich, was er braucht, um seinem Leben Gestalt zu geben. Entscheidungen kann nur jeder selbst fällen. Medialität dient höchstens dazu, jemanden während der Entscheidungsphase zu begleiten und ihm günstige Konstellationen aufzuzeigen, zum Beispiel harmonische Energiefelder, in denen Entfaltung stattfinden kann.

Mediale Menschen sind nichts Besonderes! Und schon gar nicht mehr wert als alle anderen. Sie sind sich entweder ihrer Gaben bewusst, oder nicht. Sie folgen ihrer Seelenaufgabe, die ihnen die medialen Gaben geschenkt hat, oder eben nicht.

Wahre Medialität zeigt sich nicht marktschreierisch. Sie wirkt zum Wohl aller in liebevoller Weise und Achtsamkeit. Mediale Gaben werden so zum Einsatz gebracht, dass sie hilfreich sind, aber den freien Willen des Einzelnen nicht missachten. Sie wirken weder missionierend noch tonangebend. Sie achten und respektieren die Würde und die Freiheit des Einzelnen und geben nie, wirklich niemals!, konkrete Anweisungen, was zu tun ist. Denn damit wirken sie manipulierend und beeinflussen die schöpferische Kraft des Individuums. Sie wirken bestimmend und bevormundend und vereiteln das eigene innere Gespür. Nur das eigene Spüren, ob sich ein Weg richtig oder falsch anfühlt, kann wegweisend sein. Medialität fördert das Hineinspüren in den Körper und in die Sehnsucht der Seele. Dazu bedarf es keiner übergestülpten medialen Beratung, sondern einzig und allein des Muts, auf die innere Stimme und das Bauchgefühl zu hören und zu lernen, den eigenen Sinnen zu vertrauen.

Die andere Seite der Medialität ist die Tatsache, dass mediale Menschen sich mit ihren Gaben immer noch verstecken müssen. Während hochsensible und empathische Menschen innerhalb der Gesellschaft mittlerweile einen nennenswerten Stellenwert erhalten haben, gilt das für mediale Menschen noch nicht. Das Thema „Mediale Gaben" befindet sich nach wie vor innerhalb einer Grauzone. Kontakte mit Energien, die wissenschaftlich nicht erklärbar sind, gelten als Hirngespinste oder werden als Märchen abgetan. Es fehlt ein seriöser Zugang zu geistigen Ebenen, die noch außerhalb wissenschaftlicher Forschung liegen. Höchstens werden diesen Ebenen Glaubensstrukturen zugewiesen. Entweder man glaubt zum Beispiel an Engel und wird milde belächelt und als Phantast bezeichnet, oder eben nicht, und gehört damit als klar denkender Mensch zur vernünftigen Allgemeinheit.

Noch wurde nicht erkannt, dass medial veranlagte Menschen keineswegs „einen Sprung in der Schüssel haben", sondern ebenso rational denkende Menschen sein können wie alle anderen.

Doch das Blatt wird sich allmählich wenden, denn der Durchbruch medialer Wahrnehmungen lässt sich nicht aufhalten, schon gar nicht, was die folgenden Generationen betrifft.

Im Laufe der Menschheitsentwicklung und der Schwingungserhöhung der Erde werden mediale Gaben immer selbstverständlicher werden. Die Brücke zwischen grobstofflicher und feinstofflicher Welt wird fester und gleichzeitig durchlässiger, sodass es folgende Generationen immer leichter haben, ihre medialen Gaben im Alltag zum Wohl aller Geschöpfe einzubringen.

Noch sind wir Menschen auf dem Weg dahin, doch die Entwicklung schreitet hurtig voran. Jetzt schon gibt es sehr viele Kinder auf der Welt, für die mediale Wahrnehmungen so selbstverständlich sind wie das bloße Sehen grobstofflicher Elemente. Vor allem Kinder, die im neuen Jahrtausend geboren wurden und werden, wachsen mit diesen Gaben auf, ohne das Gefühl, dass mit ihnen etwas nicht stimmt und sie ihre Gaben verstecken oder unterdrücken müssen.

Die Zukunft der medialen Entwicklung der Menschheit verläuft also durchaus positiv. Die Masse derer, die mediale Fähigkeiten auf die Welt mitbringen oder sie allmählich zur Entfaltung bringen, wächst unaufhörlich. Es wird nicht mehr lange dauern, bis fast jeder Mensch über mediale Gaben verfügt und sich ihrer bewusst ist. Die Spötter, Zweifler, Traditionalisten und Bekämpfer medialer Gaben werden bald schon in der Unterzahl sein. Die Entwicklung des Bewusstseins sowie das evolutionäre Voranschreiten innerhalb linearen Zeitgeschehens, eingebettet in duale Zustände im irdischen Dasein, ist nicht mehr aufzuhalten. Medialität wird eines Tages etwas ganz Normales sein und auch so verstanden werden. Sie wird erkannt werden als Seelenausdruck und Seelenaufgabe der individuellen Bestimmung.

Obwohl die Menschheit einer intensiveren medialen Entwicklung entgegengeht, sollte nicht unerwähnt bleiben, dass es immer wieder auch Menschen gibt, die an einer Psychose erkranken. Die Unterschiede zwischen Medialität und Psychose sind manchmal haarfein. So ist jemand, der die Stimmen von Verstorbenen hört, keineswegs psychotisch, wenn diese Stimmen mitteilsam, liebevoll, fürsorglich, unterstützend und beratend sind – in achtsamer, positiver Art und Weise.

Stimmen, die Befehle erteilen, Wahrvorstellungen auslösen, zwingend, bevormundend, bedrängend, demütigend, verletzend, beleidigend, manipulierend oder gar suizidal sind, werden entweder durch eine im Inneren stattfindende Psychose oder eine fatale Besetzung durch Fremdenergien ausgelöst. In diesem Fall ist professionelle Hilfe unerlässlich.

Mediale Wahrnehmungen sind immer getragen von Güte, Mitgefühl, Hingabe, Liebe, Verständnis, Trost, Dankbarkeit und Zuwendung. Erst dann kann der Mensch sicher sein, dass die Quelle seiner Wahrnehmung göttlichen und liebevollen Ursprungs ist.

Allerdings wird bei medialen Wahrnehmungen unterschieden, ob es sich um einen Kommunikationskontakt handelt, – von Lebewesen zu Lebewesen – oder zwischen lebenden Menschen und feinstofflichen Wesenheiten, oder verstorbenen Seelen. Oder ob es ein empathischer Kontakt ist, der Resonanz erzeugt und dessen Energiefeld am eigenen Leib wahrgenommen und gespiegelt wird.

Wer zum Beispiel Engelenergien wahrnimmt oder mit Verstorbenen Kontakt aufnimmt, erlebt einen Kommunikationskontakt. Wer hingegen Energiefelder wahrnimmt von Menschen, Orten, Situationen und Ereignissen, erlebt einen empathischen Kontakt.

Medialität ist also sehr vielschichtig, und mediale Menschen erleben ihre ganz individuelle Art der Medialität, entsprechend ihrem Seelenauftrag in diesem Leben.

Zusammenfassung:

- Es gibt rein hochsensibel veranlagte Menschen, die alle irdischen Wahnehmungen sehr intensiv erleben und dabei oft überfordert sind.
- Es gibt rein empathisch veranlagte Menschen, die sich eins zu eins in Menschen, Dinge, Situationen einfühlen können und irdische Wahrnehmungen in sich selbst verinnerlichen.
- Es gibt rein medial veranlagte Menschen, die nicht nur im irdischen Bereich wahrnehmen können, sondern auch im feinstofflichen Bereich.
- Bei den meisten Menschen, die hochsensibel, empathisch und medial veranlagt sind, gehen alle drei Bereiche Hand in Hand, allerdings in unterschiedlicher Ausprägung.
- Mediale Wahrnehmungen werden in zwei Kategorien eingeteilt:
    1. In den Kommunikationskontakt, der zwischen zwei Wesen stattfindet, entweder zwischen zwei Lebewesen oder zwischen einem Menschen und einem feinstofflichen Wesen.
    2. Oder in den empathischen Kontakt, wobei verschiedene Energiefelder wahrgenommen werden. Mit ihnen geht der Mensch in Resonanz.

Medialität – das göttliche Geschenk mit zwei Seiten

Viele Menschen möchten unbedingt medial sein, wollen mit Engeln kommunizieren, Botschaften aus der Geistigen Welt übermitteln (channeln), mit lieben Verstorbenen Kontakt aufnehmen, oder einfach über Gaben verfügen, die ihnen Vorteile im Leben bringen. Zum Beispiel hellsichtige Hinweise erhalten, was in Zukunft zu tun oder zu unterlassen ist. Die Intention liegt bei diesen Anliegen immer zuerst auf den eigenen Vorteilen. Man möchte medial sein, um besser im Leben zurechtzukommen, sich selbst und die Welt besser zu verstehen, und den anderen manchmal um eine Nasenlänge voraus zu sein. In einigen Fällen steckt hinter diesem Wunsch auch die Sehnsucht, es im Leben persönlich besser zu haben und wichtige Hinweise zu erhalten, die zu persönlichem Ruhm, Reichtum oder Anerkennung und Bewunderung führen. Denn ist es nicht so, dass all die medial begabten Menschen, die in der Öffentlichkeit stehen und ihre Dienste anpreisen, ein gewisses Ansehen erreicht haben und sogar wie große Meister angebetet werden? Der moderne Guru ist nicht selten ein medialer Mensch, der geschickt seinen Vorteil nutzt.

Die Sehnsucht nach einem feinstofflichen Kommunikationskontakt kann manchmal so extrem sein, dass Menschen süchtig danach werden und alles dafür tun, um Zugang zu feinstofflichen Ebenen zu erhalten. Damit geben sie ihre Verantwortung im Leben ab, und auch ihren freien Willen. Sie wünschen sich in eine kindlich abhängige Situation zurück, die ihnen Führung schenkt und Eigenverantwortung abnimmt.

Das ist auch der Grund, warum ich persönlich mit dem Wort „Geistführer“ so meine Schwierigkeiten habe. Niemand hat das Recht, einen Menschen zu führen, ihm die Eigenverantwortung zu nehmen und ihm zu suggerieren, was zu tun und zu lassen ist. Der Wunsch nach Führung ist trotzdem nach wie vor riesengroß. Das Bedürfnis, sich führen zu lassen statt selbst zu gehen, mag verlockend sein, nimmt einem aber auch die wunderbare Seelenerfahrung, einen freien Willen zu haben, selbst zu entscheiden, unabhängig zu sein und sich als Schöpfer des eigenen Lebens zu erleben.

Ich weiß, dass sich diese Zeilen nicht sehr freundlich anhören, dabei ist doch die Gabe der Medialiät etwas wirklich Göttliches und Einzigartiges. Leider aber tummeln sich auf dem Sektor der Spiritualität genügend schwarze Schafe, denen es nicht im Traum einfallen würde, dieses besondere Geschenk dort zu belassen, wo es hingehört. Sie denken nur an ihren eigenen Profit, verlangen horrende Preise und sonnen sich in der Bewunderung, die ihnen von all den Bedürftigen geschenkt wird, die meinen, nicht medial zu sein und dringend Führung zu benötigen.

Mediale Begabungen sind göttlicher Natur und sollten deshalb auf gar keinen Fall kommerzialisiert werden. Sie entspringen der reinen Liebe göttlicher Schöpferenergie und sollten in aller Liebe achtsam und ausschließlich zum Wohl aller ihren Einsatz finden.

Ich persönlich bin sehr kritisch gegenüber kommerziellen medialen Beratungen, denn niemand darf dir als Kind Gottes sagen, was du zu tun und zu lassen hast, wie du handeln sollst und welchen Weg im Leben du einschlagen darfst. Diese Verantwortung für dein eigenes Leben kannst du nicht an Berater abgeben, egal, welcher Art sie sind.

Es widerspricht sämtlicher Logik, wenn Ratsuchende irgendwelche Hotlines anrufen und sich dort auf die Schnelle ein paar Worte an den Kopf werfen lassen von einer anonymen Person, die kurz mal die Karten aufschlägt oder ihre Geistwesen befragt. Solch eine „Beratung" soll dann absolute Gültigkeit haben!? Und das alles innerhalb von Sekunden beziehungsweise ohne genügend Zeit, sich in das Anliegen des Hilfesuchenden einzufühlen und zu spüren, was genau dem Klienten jetzt guttut?

Berater, auch mediale Berater, können dir nur begleitend zur Seite stehen, dich trösten und motivieren, dich inspirieren und auffangen in Liebe und Achtsamkeit. Sie dürfen dir nicht sagen, was dich erwartet, dir ihre mediale Meinung aufdrängen oder dir sogar Angst machen, indem sie dich vor bestimmten Handlungen warnen oder dir vorhersagen, was auf dich zukommen wird (angeblich).

Es gibt Berater, die dich ganz bewusst in die Opferrolle stoßen, dir weismachen, wie schlimm es um dich und dein Leben steht, und dass es dringend nötig ist, sie so oft wie möglich aufzusuchen, weil nur sie dir helfen können. Das sagen sie dir natürlich nicht so krass, sondern verstecken es hinter liebevollen Worten, die dennoch manipulierend sind. Solche Berater motivieren dich nicht und sehen keine Stärke in dir, sondern halten dich schwach und bedauern dich, was durchaus auch in sehr mütterlicher Weise geschehen kann, – und binden dich dadurch an sich.

Hast du solche Sätze schon einmal gehört?

„Oh, das ist ja schlimm. Da werden wir einige Sitzungen benötigen, um das zu bearbeiten."

„Du Armer, dein Leben ist ja fürchterlich. Aber wenn du wöchentlich kommst, kriegen wir das wieder in den Griff."

„Nur wenn du kontinuierlich kommst, kann ich etwas für dich tun."

Diese Sätze sind manipulierend, auch wenn sie ganz harmlos klingen.

Natürlich können Berater, welcher Art sie auch immer sind, ihren Beistand abrechnen und damit Wertschätzung für ihren zeitlichen und emotionalen Einsatz erhalten. Aber niemals dürfen sie dich abhängig machen oder versuchen, dich auf bestimmte Wege zu bringen oder dir einzureden, dass nur dieses oder jenes Verhalten für dich richtig ist. Sie können dir Möglichkeiten und Vorschläge unterbreiten und dich liebevoll über Seelenzustände informieren. Aber sie sollten dich nicht manipulieren und dir keine Entscheidungen abnehmen. Kein Berater sollte dich über einen längeren Zeitraum an sich binden, sodass du das Gefühl hast, es nicht alleine schaffen zu können! Er sollte dir Hilfe zur Selbsthilfe geben. Nur du alleine entscheidest, wie oft du zu diesem Berater kommen willst.

Berater, die dir zu verstehen geben, dass du ein armes Opfer bist, statt dir zu sagen, wie viel Kraft in Wahrheit in dir steckt, kannst du getrost vergessen.

Sei dir immer gewiss, dass du in dir selbst die Anlage zu medialem Wissen trägst. Befrage dein Inneres. Befrage das große göttliche Liebeslicht, das in dir selbst leuchtet. Nur du und deine Seele wissen, was im Leben richtig für dich ist. Dieses Wissen ruht stets tief in dir. Manche nennen es das „Höhere Selbst" oder „Intuition". Wie auch immer du es nennst, du selbst trägst in dir alles, was du benötigst, um dieses Dasein zu meistern. Und solltest du einmal eine Entscheidung getroffen haben, die dich nicht wirklich weiterbringt, so war auch sie wichtig für deine persönliche Seelenreifung und Entwicklung.

Spüre in dir immerfort das göttliche Licht und die göttlichen Gaben, die du mit auf die Welt gebracht hast. Solltest du merken, dass du in ein egoistisches Denken, Fühlen und Verhalten gefallen bist, so gräme dich nicht, sondern ändere deinen Weg. Sei dankbar für diese Erfahrung und wende dich dem göttlichen Licht in dir zu. Lass dich von diesem Licht führen und erwarte jederzeit göttlichen Segen. Du wirst so sehr geliebt.

Zusammenfassung:

- Mediale Gaben sind wie alle Gaben ein göttliches Geschenk, das nicht kommerzialisiert und missbraucht werden sollte.
- Mediale Gaben sollten niemals in Abhängigkeit und Selbstaufgabe führen, sondern den freien Willen wahren.
- Vorsicht ist geboten, wenn mediale Berater versuchen, Abhängigkeiten zu erzeugen.

☆☆☆

Warum Menschen mediale Anlagen in sich tragen

Diese Frage ist leicht zu beantworten: Sie tragen sie in sich, um sich selbst mit ihren Gaben der Welt zu schenken. Mediale Gaben dienen nicht dazu, sich selbst zu bereichern und besser im Leben da zu stehen als andere. Sie sind kein Mittel, um noch mehr Trennung und Abgrenzung in die Welt zu bringen. Dieses irdische Denken, besser sein zu wollen als andere, sich bewundern zu lassen und sich damit von anderen abzuheben (überheblich zu sein), hat nichts mit der göttlichen Intention zu tun, der Lebensaufgabe in dieser Inkarnation zu folgen. Mediale Anlagen und Wahrnehmungen sind deshalb nichts ausschließlich Persönliches, um dem eigenen Wohl zu dienen, auch wenn sehr viele mediale Menschen genau dieses anstreben und umsetzen.

Natürlich können mediale Anlagen genutzt werden, um für sich selbst zu sorgen. Niemand kann einen Menschen davon abhalten, sich um sich selbst zu kümmern. Das nennt man „Selbstliebe", die nichts mit Egoismus zu tun hat Aber das ist nicht die Hauptintention der Medialität. Der persönliche Nutzen spielt nur eine Nebenrolle. Warum es immer mehr mediale Menschen gibt, liegt im Seelenauftrag des Einzelnen, sich zum Wohl aller in der Welt einzubringen. Mediale Gaben sind göttliche Gaben, die einen gewissen Einsatz erfordern, der nicht dem eigenen Wohl dient, sondern der gesamten Entwicklung auf der Erde. Dieser Einsatz erfolgt zum großen Teil ehrenamtlich und wird getragen vom eigenen Seelenlicht, das hell in die Bereiche hineinstrahlt, die ins Ungleichgewicht geraten sind. Diese sollen erlöst, geheilt und transformiert werden.

Medialität dient also dazu, ein wirkliches Miteinander zu fördern, sich gegenseitig zu spüren, sich einzufühlen in die Belange und Bedürfnisse der Umwelt und der gesamten Schöpfung. Und damit schließt sich der Kreis zwischen Medialität, Hochsensibilität und Empathie. Im Grunde wirken alle diese Gaben stets gemeinsam und lassen sich dann nicht mehr voneinander trennen und unterscheiden, und werden zu einer Einheit von Gaben, die wichtig werden für die Zukunft der Menschheitsgeschichte und für ein positives evolutionäres Voranschreiten. Medialität dient dazu, das Bewusstsein der Einheit zu fördern und tiefe Liebe in alle Bereiche des irdischen Daseins hineinfließen zu lassen. Das gilt besonders für empathische mediale Kontakte.

Wenn mein Schmerz deiner ist und umgekehrt, dann ist es endlich möglich, ein wirkliches Verständnis füreinander aufzubringen, eine tiefe, mitfühlende Liebe und das Bedürfnis, füreinander da zu sein. Somit wird das Gefühl der Trennung aufgehoben. Ein liebevolles Miteinander, Verbundenheit und Einheit werden durch die Gaben der Medialität, Hochsensibilität und Empathie gefördert.

Ebenso wichtig ist es, die Zusammenhänge zwischen irdisch-materieller Welt und geistig-feinstofflicher Welt besser wahrzunehmen, zu begreifen und zu verstehen. Je mehr Einfühlungsvermögen aufgebracht werden kann, je mehr der Mensch verstehen lernt, wie alles miteinander zusammenhängt, desto friedvoller und harmonischer kann sich das Miteinander der Geschöpfe im irdischen Dasein entwickeln.

Die Einheit der Medialität ist also ein göttlicher Auftrag, im Namen der göttlichen Liebe und Schöpferkraft auf der Erde wirksam zu werden und dieses Ziel niemals aus den Augen zu verlieren. Mediales Wahrnehmen erleichtert den Auftrag der

Seele, ihre übergeordnete Mission zu erfüllen und dabei gut voranzukommen. Sie sollte jeden Einzelnen stolz machen, dieser Aufgabe gewachsen zu sein und sie mit Liebe und liebender Tatkraft auszuführen.

Die Mehrheit der Menschen begreift diesen Auftrag allerdings noch nicht, denn die Erde befindet sich im Wandel, und es sind noch sehr viele Seelen inkarniert, die mit ihren eigenen Anliegen beschäftigt sind – das heißt: mit ihrem Karma, ihrer persönlichen Entwicklung, ihren leidvollen Erfahrungen und ihren irdisch-materiellen Bedürfnissen. Ihre Lebensaufgabe besteht darin, ihre Seele durch viele unterschiedliche Erfahrungen reifen zu lassen. Ihre Bestimmung liegt nicht darin, globale Heilkraft zur Entfaltung zu bringen. Das würde sie mental, seelisch und körperlich komplett irritieren und überfordern. Sie denken noch in alten Mustern, kämpfen ums Überleben und glauben an Werte und Vorstellungen, die komplett veraltet sind, aus denen sie sich aber auch nicht lösen können, weil sie einem mechanisch-materialistischem Weltbild folgen, das ausschließlich naturwissenschaftlich orientiert ist und auf Abgrenzung basiert.

Es macht keinen Sinn, diesen Menschen einen Vorwurf zu machen. Sie haben sich für diese Inkarnation keine andere Aufgabe ausgesucht und sind nicht bereit, ihr Bewusstsein zu öffnen, weil sie dieses (neue) Denken sowieso ablehnen. Das ist aber nicht schlimm, sondern gehört mit zu ihrem Lebensweg. Es ist deshalb wichtig, sich jedes Urteil über andere Seelen zu verkneifen. Jede Seele, die sich auf der Erde verkörpert hat, ist wichtig und richtig auf der Welt. Das zu wissen und zu begreifen hilft, sich und andere besser zu verstehen und das zu akzeptieren, was im Augenblick gegeben ist. Somit fällt auch jegliches Missionieren weg. Einen anderen Menschen anzunehmen und so zu lieben, wie er ist, ist schon ein wichtiger Schritt in die richtige Richtung.

Es gibt also viele Seelen, die sich einem wachsenden Bewusstsein nicht stellen wollen und können, weil es für sie hier andere Wahrnehmungen und Aufgaben gibt.

Da sich aber die Erde permanent im Bewusstseinswandel befindet und ihre Schwingung ständig erhöht, werden diese Seelen nach und nach in die Geistige Welt zurückkehren, weil sie den neuen Frequenzen nicht mehr gewachsen sind. Ihr Auftrag hat sich dann auch erfüllt. Es ist also gar nicht erstaunlich, wenn die Zeitungen voll sind mit Todesanzeigen, gerade in Zeiten der besonderen Schwingungserhöhung. Die Seelen, die sich nicht den neuen Frequenzen anpassen können, werden also in die Geistige Welt zurückkehren, um möglichst schnell mit einer neuen Bestimmung zurückzukommen – mit medialen Gaben, die sie in dieses neue Leben mitbringen und zum Wohl der gesamten Schöpfung einbringen können.

Mediale Gaben dienen nie der eigenen Freude und Bereicherung allein, wie schon bereits ausgeführt, was vielen medialen Menschen tief im Inneren bewusst ist, und sie werden deshalb noch in dieser Inkarnation erwachen, um ganz neuen Zielen zu folgen, die den höheren und feineren Frequenzen dienlich sind. Diese Menschen werden deshalb noch nicht in die Geistige Welt zurückkehren, weil sie sich bewusst dafür entscheiden, ihre medialen Gaben zu *verschenken*. Ja, du liest richtig: zu verschenken. Denn es geht nicht mehr um kleingeistiges Denken, unbedingt bezahlt zu werden oder in irgendeiner Weise Anerkennung zu erlangen. Diese Ebene des Denkens und Fühlens muss verlassen werden, um der neuen Schwingung folgen zu können. Jetzt geht es um höhere Frequenzen jenseits von Egowünschen. Dieses Wir-Gefühl wird bei den Menschen kein Mangelgefühl hinterlassen, sondern im Gegenteil: Gefühle von Glückseligkeit und Erfüllung. Wer seine Gaben verströmt, wird sich im Fluss fühlen, im Flow sein, und wissen, wie wichtig der ganz persönliche Einsatz ist. Sich selbst zu verschenken ist deshalb nicht gebunden an irdisches Feedback. Es unterliegt einer höheren Intention und einem anderen Bewusstsein für das, was die Erde jetzt benötigt, und dem befriedigenden Gefühl, mit seinem ganzen Einsatz dazu beizutragen, der Bewusstseinsentwicklung Tür und Tor zu öffnen.

Mediale Menschen werden hier dringend benötigt, ja, ihr Einsatz wird hier auf der Erde geradezu herbeigesehnt. Aber auch hier ist der freie Willen unabdingbar, sich für diese Aufgabe zu öffnen und aktiv tätig zu werden. Eine bewusst getroffene Entscheidung ist unerlässlich. Will ich meine Gaben der ganzen Welt und der Bewusstseinsentwicklung aller Geschöpfe zur Verfügung stellen? Bin ich bereit dafür, nicht nur davon zu reden, sondern mich voll und ganz einzubringen – mit allem, was ich mit in dieses Leben bringe?

Worten werden deshalb Taten folgen, wenn du JA dazu sagst, dich auf die höhere Frequenz einzulassen und dich aus deiner Angst, zu kurz zu kommen, herausbegibst.

Und sei dir gewiss, diese Angst fällt sofort von dir ab, wenn du den Quantensprung gewagt hast und dich selbst der neuen Schwingung angleichst. Dann werden dich Ego-Spiele nicht mehr interessieren. Du wirst im Vertrauen sein, dass alles gut ist, so, wie es ist.

Wer allerdings im Denken und Fühlen gefangen bleibt, dass er unbedingt etwas zurückbekommen „muss", und süchtig nach Bestätigung, Anerkennung und Honorierung ist, wird irgendwann nicht mehr mit den neuen Frequenzen mithalten können. Er wird dann innerlich vor die Wahl gestellt werden, entweder in die Geistige Welt zurückzukehren und mit einem neuen Auftrag zu inkarnieren, oder doch noch den Quantensprung im eigenen und jetzigen Leben zu wagen.

Zusammenfassung:

- Mediale Gaben sind ein Geschenk an die Welt.
- Mediale Gaben dienen auch der Fürsorge für sich selbst, aber vor allem dem Dienst an der Schöpfung.
- Mediale Gaben folgen dem persönlichen Seelenauftrag. Hochsensibilität, Empathie und Medialität gehören zur persönlichen Bestimmung im Leben.
- Dadurch werden ein neues Miteinander und das Bewusstsein der Einheit gefördert.
- Es wird Verständnis für die Schöpfung aufgebracht, weil der Schmerz des anderen in sich selbst gefühlt und wahrgenommen wird.

☆☆☆

Wie sich Medialität, Empathie und Hochsensibilität beim Menschen zeigen

Jeder Mensch trägt die Anlage in sich, mehr wahrnehmen zu können, als im Normalfall mit seinen menschlichen Sinnen möglich ist. Wie wir schon gehört haben, hat ein Großteil der Menschheit diese Anlage unterdrückt und kümmert sich ausschließlich um direkt erlebbare Wahrnehmungen und eigene Belange.

Alles und jeder ist göttlich, ein Ausdruck der göttlichen Liebe und mit wunderbaren Gaben gesegnet. Aber jeder Mensch folgt seiner eigenen Entwicklung. Und wer sich entschieden hat, seine eigenen Gaben nicht vollständig zu leben, der wird trotzdem geliebt und folgt seiner Bestimmung, auch ohne das Bewusstsein, mediale Gaben in sich zu tragen. Aber er wird irgendwann hier nicht mehr leben können und deshalb ins Geistige wechseln, um neu inkarnieren zu können mit einem Bewusstsein, das zu den neuen Energien und Frequenzen passt.

Und dann gibt es sehr viele hochsensible Menschen, die innerhalb des Irdischen mehr wahrnehmen als üblich und ständig überfordert oder überreizt sind. Sie wissen um ihre Fähigkeiten, fühlen sich aber komplett ihren Wahrnehmungen ausgeliefert und wünschen sich, „normal" zu sein. Nur selten schätzen sie ihre Fähigkeiten positiv ein. Auch sie sind aufgerufen, den Sprung aus der Angst heraus zu wagen und sich kompatibel zu machen für die neuen Frequenzen.

Empathische Menschen bringen ihre Gabe ebenso mit auf die Welt wie Hochsensible. Sie haben ein besonders ausgeprägtes Einfühlungsvermögen und können so denken, fühlen und handeln wie ihr Gegenüber. Sie spiegeln ihr Gegenüber perfekt und schlüpfen sozusagen in deren Haut. Gleichzeitig sind sie ganz bei sich, es sei denn, sie erlauben es sich, mit dem Gegenüber ganz eins zu sein, für einige Momente miteinander zu verschmelzen. Dann verlieren sie sich im anderen. Sie sind der andere, um anschließend wieder zu sich selbst zurückzukehren. Empathische Menschen gehen nicht im Dasein des Gegenübers verloren, aber sie können für eine Weile der andere sein, um ganz mit seinen Augen zu sehen und seinen Sinnen zu erleben.

Neben diesen hochsensiblen und empathischen Menschen gibt es speziell von Geburt aus medial veranlagte Hochsensible und Empathische, bei denen die Wahrnehmung weit über das Irdische hinausgeht, hinein in die Geistige Welt. Sie haben von jeher einen „Draht" zur Geistigen Welt behalten, ohne ihn in sich zu negieren und zu verdrängen. Diese Menschen nehmen noch mehr wahr als alle anderen und sind „eingeklinkt" in die Ebenen der Geistigen Welt. Sie tragen die Anlage in sich, mit geistigen Wesen zu kommunizieren, verstorbene Seelen wahrzunehmen, in Vergangenheit und Zukunft zu schauen und Energiefelder direkt am Leib zu spüren, sowie Missstimmungen und Krankheitsfelder wahrzunehmen und Heilimpulse zu geben. Wie die meisten anderen Hochsensiblen und Empathischen auch, sind sie nicht immer begeistert von ihren Fähigkeiten. Sie schämen sich ihrer manchmal, fühlen sich diesen Erlebnissen hilflos ausgeliefert und hadern mit ihrem Schicksal. Nur wenige von ihnen leben in Harmonie mit sich selbst und ihren Fähigkeiten. Doch es ist wichtig, dass sie sich ihrer selbst bewusst werden und sich – wie alle anderen Menschen – den hohen neuen Frequenzen angleichen.

Und dann gibt es noch die medial Veranlagten, die nicht wirklich hochsensibel und medial sind, sondern stattdessen sehr von sich überzeugt und nicht selten ziemlich clever sind, um Profit aus ihren Fähigkeiten zu schlagen und die Not so mancher verzweifelter Mitbürger gnadenlos auszunutzen. Sie sind es, die ihre Gaben meistens sehr geschickt vermarkten und dabei ziemlich egoistisch an ihr eigenes Wohl denken. Ihre Hauptintention ist nicht, anderen in Liebe beizustehen und sie helfend zu begleiten, sondern ordentlich Geld zu verdienen.

Leider gibt es auch medial veranlagte Menschen, die ihre Gaben sogar für Betrügereien einsetzen und damit kriminellen Energien folgen. Meistens sprechen sie andere auf der Straße an, bieten hellseherische Dienste an, suggerieren Angstszenarien für die Zukunft und haben natürlich den „Gegenzauber“ bereits parat, wobei sie sich diese Dienstleistung sehr teuer bezahlen lassen.

Medial veranlagte Menschen, die ihre Gabe zum Schaden anderer einsetzen, verfehlen ihren Lebenssinn komplett, aber es gibt sie leider. Sie sind von Gier und Macht besessen, wobei ich betonen möchte, dass nicht alle medial veranlagten Menschen, die nicht hochsensibel und empathisch sind, nur zum eigenen Wohl ihre Gaben zum Einsatz bringen. Die Gruppe der schwarzen Schafe ist klein, aber dennoch existent. Denn die Tendenz, im reinen „Ich“ verhaftet zu bleiben, ist leider sehr hoch. Hier fehlt es nicht nur an Feingefühl, das hochsensible und empathische Menschen mit sich bringen, sondern auch an der Intention, seine Gabe zum Wohl aller und in Freiheit und Achtsamkeit einzubringen. Trotz allem bin ich überzeugt, dass auch sie ihrem Seelenpfad folgen und in sich die Möglichkeit tragen, sich weiterzuentwickeln und ihre Fähigkeiten in tiefer Liebe zu verströmen.

Gleichgültig, wie jemand sein Leben begreift und mit seinen offensichtlichen oder verdrängten Gaben lebt, ist es jederzeit möglich, sich neu zu entscheiden und den neuen Intentionen der Liebe zu folgen, die sich mit und durch die neuen Schwingungsfrequenzen in dieser Welt zeigen.

Doch noch einmal zurück zu den verschiedenen Menschen, die ihrer Medialität mehr oder weniger bewusst folgen. Medial veranlagte Menschen sind nicht alle gleichzeitig hochsensibel und empathisch. Und hochsensible, empathische Menschen sind nicht alle gleichzeitig medial.

Diese Tatsache gilt für die heutige Zeit. Aber natürlich entwickelt sich die gesamte Menschheit weiter. Neue Generationen werden einen neuen Status quo mit sich bringen, sodass sich das gesamte Thema Medialität weiterentwickeln wird, hin zu sehr vielen feinen Seelen, die medial, empathisch und hochsensibel auf die Welt kommen und das Gefüge eindeutig verschieben, um ein neues Miteinander zu kreieren. Ihnen wird bewusst sein – oder ist schon bewusst –, dass sie einer höheren Aufgabe folgen, und werden von vorneherein egoistischen Wünschen und Bedürfnissen, die sich aus ihren medialen Gaben ergeben, nicht nachgeben. Nein, es wird ihnen nicht einmal in den Sinn kommen, ein ausgeprägtes Ego zu entwickeln, weil es sie nicht mehr berührt. Ihre Seelen sind frei davon.

Wir unterscheiden also im Augenblick vier verschiedene Gruppierungen:

- Menschen, die weder hochsensibel, empathisch oder medial sind (die Anlage zur Medialität wird unterdrückt). Sie haben rein irdische Aufgaben zu bewältigen.
- Menschen, die zwar hochsensibel und empathisch, aber nicht medial sind (die Anlage zur Medialität wird unterdrückt, sie fühlen sich oft überfordert mit ihrer hohen Sensibilität und all den irdischen Reizen hilflos ausgeliefert).
- Menschen, die nicht hochsensibel und empathisch, aber medial sind (sie schlagen oft Profit aus ihrer Medialität).
- Menschen, die hochsensibel, empathisch und medial sind (mit allem in Resonanz und meistens ziemlich überfordert). Sie können anderen Menschen und der Schöpfung mit Liebe und Einfühlungsvermögen dienen, wenn sie lernen, Prioritäten zu setzen.

Zusammenfassung:

- Hochsensible, empathische und mediale Anlagen sind in jedem Menschen vorhanden.
- Manchmal wird ein Teil davon unterdrückt und bewusst aus dem Leben ausgeklammert.

☆☆☆

Die beiden Seiten der Wahrnehmung

Wenden wir uns der Art von Medialität zu, die im Augenblick erfahren wird.

Wer viel wahrnimmt, führt ein reicheres, aber dennoch nicht automatisch einfacheres Leben.

Wahrnehmung geschieht primär über unsere Sinne. Das heißt, der Mensch benötigt gut funktionierende Sinne, um sich selbst und seine Umwelt wahrzunehmen. Über die Sinne werden Reize an das Gehirn gemeldet und dort in verschiedene Kategorien eingeteilt. Das Gehirn meldet dann dem Körper, ob die Wahrnehmung angenehm, neutral oder unangenehm empfunden wird. Strömen zu viele Reize auf den Menschen ein, filtert das Gehirn sie heraus und bremst. Die Reize werden dann zwar aufgenommen, aber es erfolgt keine Rückmeldung mehr vom Gehirn. Ein Zuviel an Reizen wird also ausgeblendet. So läuft es im Normalfall.

Hochsensible, empathische Menschen haben hingegen ein hoch aktives Nervensystem. Das Zuviel an Reizen wird nicht ausgeblendet. Alles strömt ungehindert und manchmal sogar verstärkt ins System herein und kann nicht mehr verarbeitet werden. Das bedeutet, dass der Mensch immer alles extrem wahrnimmt, und das pausenlos und gleichzeitig, und von Außenreizen sowie von Innengefühlen und Empfindungen geradezu attackiert wird. Dabei gibt es keine Prioritäten und Abstufungen. Alles kommt durch, ungebremst und unaufhaltsam. Das stresst Leib und Seele gleichermaßen. Bei hochsensiblen, empathischen und gleichzeitig medial veranlagten Menschen strömen aber nicht nur irdische Wahrnehmungen ins Innere, sondern eben auch Wahrnehmungen aus der Geistigen Welt, aus vergangenen Leben, anderen Dimensionen und Existenzen. Das lässt das menschliche System beinahe kollabieren, wenn diese Eindrücke nicht kanalisiert werden können. Aber mediale, empathische und hochsensible Menschen nehmen nicht nur über ihre körperlichen Sinne wahr, sondern auch und vor allem über ihr ganzes offenes Bewusstsein, da ihre Aufnahmekanäle komplett geöffnet sind und Wahrnehmungen offenbaren, die in diesem Augenblick ihrer Seelenaufgabe entsprechen.

So schön es also sein kann, eine so breit gefächerte Wahrnehmungsfähigkeit zu besitzen, so anstrengend kann es gleichzeitig sein, wenn beim Wahrnehmen und Verarbeiten der Reize keine Ordnung herrscht. Aber auch: Wenn man sich nicht bewusst ist, warum man diese göttliche Gabe sein Eigen nennt.

Viele Menschen, die noch im letzten Jahrtausend geboren wurden, leiden unter dieser ziellosen Wahrnehmungsfähigkeit. Sie fühlen sich dem Geschehen hilflos ausgeliefert, weil ihr System noch nicht der neuen Schwingungserhöhung der Erde angepasst ist. Sie wurden in einer Zeit geboren, in der im Irdischen noch nicht absehbar war, dass sich die Schwingung der Erde so schnell wie nie zuvor erhöhen und sich die irdische Entwicklung entsprechend rasant entwickeln würde. Dasselbe gilt für die Bewusstseinsentwicklung der Menschheit, was natürlich ein Grund zur Freude ist, aber eben körperlich und seelisch verarbeitet werden muss. Und das geschieht nicht immer so harmonisch, wie gewünscht.

Neue Generationen, die im neuen Jahrtausend geboren wurden und werden, haben es diesbezüglich ein wenig einfacher. Ihr System wird in die Neue Zeit hineingeboren und bringt entsprechende Voraussetzungen mit, besser mit diesen Wahrnehmungen umzugehen und angepasst zu sein an eine extrem schnelle Veränderung der Schwingungsfrequenzen und der Bewusstseinsentwicklung. Sie kommen mit dem inneren Wissen auf die Welt, dieses Leben bewusst gewählt zu haben, um kein Ego-Bewusstsein mehr ausgleichen zu müssen, sondern direkt für das neue Miteinander im Einsatz zu sein. Außerdem wachsen sie vermehrt mit Eltern auf, die über ihre hochsensiblen, empathischen und medialen Gaben Bescheid wissen und selbst zum Teil hochsensibel und medial veranlagt sind, was es ungemein erleichtert, ganz selbstverständlich mit diesen Gaben aufzuwachsen, ohne die Schwierigkeiten der früheren Generationen damit. Oft sprechen Kinder und Jugendliche ganz offen mit ihren Eltern über ihre Erlebnisse, ihren Einblick in die Geistige Welt und ihre oftmals erstaunlichen Fähigkeiten, ganz anders wahrzunehmen als die Generationen davor. Und sie sind so selbstbewusst, dass sie genau sagen können, warum sie auf der Welt sind und was sie sich als Lebensaufgabe, zum Wohl aller, vorgenommen haben.

Obwohl die Welt immer noch nicht wirklich offen und bereit ist, konstruktiv mit diesen feinen, bewussten Seelen umzugehen, werden immer mehr Kinder geboren, die den feinen und hohen Schwingungen der Neuen Zeit gewachsen sind und sich nicht aufhalten lassen, diese Welt auf ihre eigene Art und Weise mitzugestalten und dazu beizutragen, ein neues Miteinander der gesamten Schöpfung zu kreieren. Sie werden auch keine Probleme haben, ihre Medialität als göttliches Geschenk zu betrachten und sich ihres medialen Lebensauftrags bewusst zu sein. Diese neuen Generationen werden bei ihrer Geburt nicht im Dunkeln tappen, sondern mit bewussten Erinnerungen und dem Wissen um ihre Seelenaufgabe hierherkommen. Und das im vollen Bewusstsein, dass sie hier gebraucht werden und der Erde und ihren Geschöpfen zu dienen. Viele von diesen Kindern werden freiwillig hier sein, losgelöst von karmischen Verstrickungen. Sie kommen aus Liebe und bleiben so lange hier, bis ihre Mission in dieser freiwilligen Inkarnation erfüllt ist.

Mit diesem Wissen werden sie geboren und gehen friedlich und zuversichtlich ihren Weg, ohne jegliche Ängste, Sorgen und Kummer.

Zusammenfassung:

- Hochsensibilität, Empathie und Medialität sind sehr schöne, aber auch sehr anstrengende Gaben.
- Werden diese Gaben nicht strukturiert und in geordnete Bahnen gebracht, drohen Gefühle von Hilflosigkeit, Überforderung, Ablehnung und Widerstand.
- Es gibt Unterschiede bei der Verarbeitung von Wahrnehmungen zwischen älteren Generationen und den Generationen, die jetzt erst geboren werden.

☆☆☆

Alte Generationen versus neue Generationen

Alle Generationen des letzten Jahrtausends vertieften ihre medialen Fähigkeiten durch leidvolle Erfahrungen, die meistens schon in der frühen Kindheit oder sogar schon während der Schwangerschaft der Mutter gemacht wurden. Viele Kinder wurden mit Geburtsfehlern geboren, Behinderungen, Missbildungen, mit chronischen Erkrankungen – und haben schon als Säugling schwere Erkrankungen erlebt. Viele von ihnen kamen auch als extreme Frühgeburten auf die Welt. Manche von ihnen wurden als Kinder geschlagen oder missbraucht oder erfuhren Ablehnung, Vernachlässigung oder andere, äußerst schwierige Situationen wie Kriegserlebnisse, Flucht, Hunger und Verfolgung. Not, Schmerz und Leid sind tragende Faktoren dafür, die Sinne zu schärfen und sich Halt und Sicherheit in den Ebenen der Geistigen Welt zu suchen. Schutzengel und geistige Wesenheiten wachen besonders über diese kleinen Seelen, die sich gar nicht richtig von der geistigen Heimat lösen können, weil die irdischen Bedingungen eben so grausam und leidvoll sind. Obwohl die Seele ja vorher in der Geistigen Welt diese entsetzlichen Erfahrungen mit eingeplant hat und dadurch ihre mediale Schulung erhält, ist es gut zu wissen, dass alle neue Generationen nur noch selten auf das Mittel „Schmerz" zurückgreifen müssen, um eine mediale Öffnung zu erfahren.

Aber warum mussten frühere Generationen – so auch ich mit meinen Operationen im Säuglingsalter – solch einen schmerzvollen Weg ins Leben nehmen, um sich für die Verbindung zwischen irdisch-leiblicher Erfahrung und der Erinnerung an die Geistige Welt zu öffnen?

Das hat mit der immer weiter ansteigenden Schwingungserhöhung auf der Erde zu tun, denn: Eine niedrigere Schwingung, wie sie auch noch in meinem Geburtsjahr vorherrschte, ließ gar keine andere Möglichkeit zu, als sich durch leidvolle Erfahrungen den Zugang zur Geistigen Welt zu verschaffen. Das heißt, fast alle Generationen im letzten Jahrtausend wurden erst durch Krisen, Herausforderungen und Krankheiten so „geschliffen", dass sie sich medial entwickeln konnten – vorausgesetzt, es lag in ihrer Bestimmung.

Hier noch einmal alle irdischen Erfahrungsmöglichkeiten, die mediale Wahrnehmungen fördern und bewusst machen (gilt vor allem für alle Generationen, die im letzten Jahrtausend geboren wurden):

- Schwierige Schwangerschaft und schwieriger Geburtsverlauf.
- Versuchte Abtreibungen.
- Absterben eines Zwillings im Mutterleib.
- Ablehnung des Ungeborenen durch die Eltern.
- Frühgeburt mit den entsprechenden Komplikationen.
- Schwierige Säuglingszeit.
- Geburtsfehler, chronische Erkrankungen, die sich schon in der Säuglingszeit zeigen, Erkrankungen im Babyalter, Behinderungen und Missbildungen, Operationen.
- Missbrauch im Säuglings- oder Kindesalter.
- Verlassen oder Tod eines Elternteils.
- Verlassen oder Tod eines Geschwisterteils.
- Kriegserfahrungen im Säuglings- und Kindesalter, Hunger, Not, Flucht, traumatische Lebensbedingungen allgemein.
- Spätere Erkrankungen und Krisen im Kindesalter.

Neue Generationen kommen hingegen größtenteils selbstbewusst in dieses Leben. Sie benötigen aufgrund der neuen Schwingung der Erde keine Umwege, sondern bringen ihr Wissen und ihre Verbundenheit gleich mit ins Leben. Sie sind sich selbst und ihrer Aufgaben bewusst und behalten den „Draht" zur Geistigen Welt. Was für eine Erleichterung!

Auch wenn die neuen Generationen natürlich auch ihre eigenen, manchmal leidvollen Erfahrungen im irdischen Dasein machen werden, bringen sie ihre medialen Fähigkeiten und ihre meist gut erhaltene Erinnerung an die Ebenen der Geistigen Welt unkompliziert mit auf die irdische Ebene. Manche Seelen, die jetzt auf die Welt kommen, wählen dennoch weiterhin Wege voller Leid und Entbehrung, um sich ganz bewusst mit dem großen Schmerz des irdischen Lebens vertraut zu machen und die Resonanz in sich zu schärfen, damit sie später genau mitfühlen und mitspüren zu können, wie sich Schmerz, Leid und Trauer anfühlen. Erst ihr eigenes Erleben lässt sie tief in das Feld des großen Lebensschmerzes eintauchen und macht sie bereit für die Aufgabe, die auf sie wartet.

Alle Menschen, die medial entwickelte Fähigkeiten mit auf die Welt bringen, also mit ihnen geboren werden, sind sich auf der Seelenebene bewusst, dass sie diese im Alltag entfalten und zum Einsatz bringen werden. Und so haben sie gar keine andere Wahl, als eine ausgeprägte Medialität zu entwickeln. Das Besondere dabei ist, dass sich diese Menschen nicht *entschließen* müssen, ihre Medialität zu entwickeln. Sie müssen sie weder erlernen, noch einüben, noch verfeinern oder gar sich einverleiben. Alles ist schon da und zeigt sich zur richtigen Zeit und so, wie es sein soll. Schulungen sind nicht nötig. Diese können zwar dennoch absolviert werden und dienen der eigenen Bestätigung, aber wirklich etwas lernen müssen von Geburt an mediale Menschen nicht. Sie bringen die richtigen medialen Anlagen bewusst mit in die Welt, und zwar genau so, wie sie gebraucht werden. Das Einzige, was sie darüber hinaus tun sollten, ist, Ordnung in ihre medialen Wahrnehmungen zu bringen.

Da jeder Mensch in sich die Anlage der medialen Wahrnehmung trägt, kann es sein, dass sich nach erfolgreicher Verdrängung nun im Laufe der Schwingungserhöhung der Erde immer mehr mediale Wahrnehmungskanäle öffnen, ohne dass es die betroffenen Personen überhaupt wollen oder damit rechnen. Die Medialität erwacht, ob man will oder nicht. Es geschieht einfach, ganz sanft und selbstverständlich. Wer diese Tatsache dann immer noch nicht wahrhaben möchte, muss sehr viel Aufwand betreiben, um seine Medialität weiterhin zu verdrängen. Nicht selten kommt es dann zu gravierenden Krisen und Krankheiten, die die Menschen zwingen, sich ihrer Medialität zu stellen. Oder sie entscheiden sich, die Inkarnation abzubrechen und zur geistigen Ebene zurückzukehren. Leider gibt es nicht wenige Menschen, die innerlich so stur und ignorant sich selbst gegenüber sind, dass sie sich mit Süchten aller Art dermaßen betäuben, um ja nichts spüren zu müssen. Sehr viele Drogenabhängige, Alkoholiker, Spiel-, Kauf- und Esssüchtige, wie auch Sexsüchtige und andere Süchtige verdrängen sich selbst und ihre wachsende Medialität.

Wer erst im späteren Leben seine Medialität entwickelt oder (wieder)-entdeckt, gehört meistens zur Verdränger-Generation. Sie haben es geschafft, alle Wahrnehmungen geschickt zu verdrängen und zu verleugnen, bis das Leben sie zwingt, der Spur ihrer Seele zu folgen. Einige von ihnen versuchen dann krampfhaft, möglichst schnell medial zu sein, besuchen Kurse und durchlaufen Übungsprogramme, um möglichst viel zu lernen und zu erfahren, meistens mit dem Gedanken, die erlernte

Medialität gewinnbringend im Leben einzubringen und damit Geld zu verdienen. Diese Menschen sind leider nicht bereit, sich hingebungsvoll mit sich selbst, ihren Sinnen und ihren Wahrnehmungen auseinanderzusetzen und sich bewusst zu machen, was es bedeutet, mediale Fähigkeiten zu besitzen und diese in Liebe, Demut und Dankbarkeit im Leben zum Einsatz zu bringen. Der mediale Wochenendkurs trägt nicht dazu bei, wirklich zu begreifen, welch ein Geschenk es sein kann, mediale Fähigkeiten zu besitzen, und welchen Preis man aber dafür bezahlen muss.

Medialität ist viel mehr als eine Technik zur besseren Wahrnehmung der Wirklichkeit und der geistigen Ebene. Sie ist stets auch ein Geschenk, das mit positiven, aber durchaus auch anstrengenden Seiten und sehr viel Selbstachtung, Achtsamkeit, Disziplin und Einsatz daherkommt und ein sehr reifes, bewusstes Handeln erfordert.

Deshalb macht es Sinn, alles rund um das mediale Wahrnehmen nicht auf Wahrnehmungstechniken zu beschränken, sondern den höheren, göttlichen Sinn dahinter und die Bestimmung der Seele in dieser Existenz zu erfassen.

Zusammenfassung:

- Alte Generationen, die im letzten Jahrtausend geboren wurden, vertieften ihre Medialität durch schmerzhafte Erfahrungen, oft schon im Säuglings- oder Kindesalter.
- Neue Generationen, die jetzt geboren werden, treffen auf erhöhte Schwingungen der Erde und müssen nicht automatisch leidvolle Erfahrungen durchlaufen, um sich medial zu entwickeln.

- Im Laufe der Schwingungserhöhung der Erde entfalten sich bei allen Menschen immer mehr mediale Kanäle. Manche Menschen müssen dann sehr viel Energie aufbringen, um diese zu unterdrücken, und driften oft in Abhängigkeiten, die bei der Verdrängung helfen.

☆☆☆

Mediale Persönlichkeiten

Medialität ist nicht immer gleich Medialität. Sie ist genauso individuell wie der Mensch selbst. Entsprechend sind nicht alle Wahrnehmungskanäle gleich stark ausgebildet. Ich persönlich zum Beispiel bin jemand, der sehr viel spürt und Schmerzen von anderen eins zu eins am eigenen Leib wahrnehmen kann. Ich kann aber auch andere Emotionen wahrnehmen, auch die schönen und angenehmen. Meine Hellfühligkeit ist mein stärkster medialer Sinn. Danach folgen Visionen, Hellsicht und innere Bilder. Das auditive Wahrnehmen ist bei mir nur selten aktiviert. Dafür ist mein Geruchssinn oft extrem stark. Außerdem kann ich wegen meiner Teilleistungsschwäche keinen Zugang zu technischen Handhabungen und mathematischen Erkenntnissen bekommen. Beim Einkaufen muss ich immer noch mit den Fingern rechnen, was mich nervt. Aber mein Gehirn blockiert diesbezüglich komplett. Meistens bringe ich technische Geräte völlig aus dem Takt, wenn meine Energieschwingung zu hoch ist. Dann funktionieren sie einfach nicht, wenn ich sie bedienen möchte, sei es das Handy, der Geschirrspüler oder der Mixer. Kaum berührt dann ein anderer das Gerät, funktioniert es einwandfrei.

Zudem ist mein Gehirn nicht in der Lage, sich abstrakte, technische Sachverhalte zu merken. Dafür ist es hochaktiv, wenn ich mit Sprache und Bewegung agiere. Ich kann schriftliche Inhalte in kürzester Zeit „scannen", ohne Details zu erkennen, und deren Essenz ausmachen. Dadurch erkenne ich die Intention des Autors in Nullkommanichts und erfühle die Gesamtaussage. Und ich kann selbst Texte in kürzester Zeit er- und verfassen. Meine Finger tippen so schnell, wie mein Gehirn Information in Sprache übermittelt. Ich kann also genau so schnell schreiben, wie die Information hereinkommt. Als Autorin kommt mir diese Art der Informationsverarbeitung natürlich zugute. Entsprechend ist mein Kanal zum Hellwissen stark ausgeprägt. Das Wissen ist dann einfach in seiner Gesamtheit präsent. Das Witzige dabei ist, dass ich mit dem Downloaden bei technischen Geräten große Probleme habe, aber innerhalb meines Körpers und meines Gehirns ganze Wissensbereiche in mir selbst jederzeit downloaden kann. Sie sind dann am Stück in mir präsent. Ich bin diesbezüglich immer online.

Primär bin ich jemand, der empathischen Kontakt medial wahrnimmt, und erst in zweiter Linie den Kommunikationskontakt herstellt und wahrnimmt, wenn überhaupt. Und es gibt auch bei mir etliche visuelle Fehlinformationen. Diese treten immer dann auf, wenn ich eine unbekannte Person am Telefon habe. Aufgrund ihrer Stimme habe ich sofort Bilder von dieser Person im Kopf, die jedes Mal komplett falsch sind. Die Person, falls ich sie persönlich kennenlerne, sieht immer anders aus, als mein Gehirn sie mir vorher präsentiert hat. Immer! Ich muss dann immer über mich selbst lachen, weil ich schon wieder ganz andere Vorstellungen hatte. In diesem Fall ist also keine Medialität am Wirken, sondern es erfolgt ein normales Zusammensetzen auditiver Wahrnehmungen im Gehirn. Das Gehirn ordnet schon bekannte Stimmlagen, Töne und Klänge entsprechenden auditiven Erfahrungen aus der Vergangenheit zu und liefert entsprechende Bilder dazu. Das Gehirn sucht also innerhalb seines Datenspeichers nach Ähnlichkeiten und Erfahrungswerten, zum Beispiel, indem es eine müde, krächzende Stimme einem erschöpft aussehenden Menschen zuordnet. Oder eine frisch klingende Stimme einem jüngeren Menschen.

Da wir Menschen unterschiedliche Bestimmungen und Aufgaben ins Leben einbringen, entwickeln sich unsere Wahrnehmungskanäle entsprechend ebenso unterschiedlich. Jeder von uns ist auf individuelle Art und Weise hier im Einsatz für die Erde.

Man unterscheidet die folgenden Wahrnehmungskanäle für Medialität , wobei diese Wahrnehmungen sowohl für den medialen Kommunikationskontakt als auch für den empathisch-medialen Kontakt wichtig sind:

- hellfühlen und hellspüren,
- hellsehen,
- hellhören,
- hellwissen,
- hellriechen und hellschmecken.

Und dann gibt es noch bestimmte paranormale Fähigkeiten, wie zum Beispiel die Telepathie (Gedankenübertragung), Telekinese (Bewegen von Gegenständen, ohne dass diese berührt werden), das Austreten aus dem Körper, das Unsichtbarwerden, das Bewegen des Körpers durch Materie hindurch, das Schweben, das Materialisieren von Materie und sich selbst, und das Reisen durch Zeit und Raum. Und sicher noch vieles mehr. Aber alle diese besonderen Fähigkeiten sind Einzelpersonen vorbehalten. Sie sind große Gaben, die nicht an die große Glocke gehängt werden. Verwendet jemand solche Fähigkeiten in der Öffentlichkeit zur Belustigung und zum Geldverdienen, dann stecken meistens Tricks dahinter, Täuschungen und erzeugte Illusionen. Jemand, der eine außergewöhnliche Gabe besitzt, wird mit ihr sehr achtsam und vorsichtig umgehen und sie auf keinen Fall gewinnbringend vermarkten. Er wird sich bewusst sein, dass er auserwählt ist, mit dieser Gabe der Erde zur Seite zu stehen und nicht sich selbst zu beweihräuchern.

Zusammenfassung:

- Mediale Wahrnehmungen finden ganz individuell statt.
- Alle Sinne sind dabei aktiviert und überaktiv, aber je nach individueller Seelenaufgabe entsprechend individuell ausgeprägt.

☆☆☆

In Resonanz sein mit allem (empathisch-medialer Kontakt)

Wer hochsensibel, empathisch und gleichzeitig medial veranlagt ist, ist meistens in Resonanz mit allem. Seine Wahrnehmungskanäle sind nach allen Seiten offen. Dies gilt vor allem für leidvolle, traurige und schmerzvolle Energiefelder. Diese Felder werden eindeutig wahrgenommen, und zwar oft unabhängig von Zeit und Raum. Aber mediale, empathische Hochsensible können auch wunderbare, erhabene und kraftvolle Energien wahrnehmen, zum Beispiel an Kraftplätzen in der Natur oder bei besonders schönen Events voller Harmonie und Frieden. Oder bei der Begegnung mit Gleichgesinnten, bei wundervollen Gesprächen, geteilten Erlebnissen voller Harmonie und Schönheit, oder beim Verschmelzen mit dem geliebten Seelenpartner – ob er anwesend ist oder nicht.

Im Alltag aber überwiegen oft leider die eher unangenehmen Wahrnehmungen. Ich habe lange gebraucht, um herauszufinden, dass so manche meiner Stimmungen nichts mit mir persönlich zu tun hatten, sondern ich nur in Resonanz mit dem entsprechenden Feld gegangen war. Oft habe ich das bestimmte Energiefeld schon wahrgenommen, bevor es tatsächlich im linearen Zeitgeschehen erlebbar war. Besonders Felder der Angst und Trauer nehme ich sehr oft viele Stunden im Voraus wahr, bevor das entsprechende Ereignis überhaupt eingetreten ist. Und dann sind diese Felder nicht direkt um mich herum, sondern mitunter meilenweit von mir entfernt. Raum und Zeit sind also keine Parameter für Energiefelder, mit denen hochsensible, empathische und mediale Menschen in Resonanz gehen.

Resonanz muss aber nicht immer gleichermaßen alle Menschen betreffen, schon gar nicht zur gleichen Zeit. Die Auswahl, mit welchem Ereignis man in Resonanz geht, hat immer auch etwas mit der Seelenaufgabe und der eigenen Lebensgeschichte zu tun. Bei mir persönlich ist es so, dass ich zum Beispiel mit wirtschaftlichen Ereignissen nur wenig Resonanz verspüre, dafür mit allem, was mit Krankheiten zu tun hat, mit Geschehnissen, die Angst machen, oder mit Naturkatastrophen und Terroranschlägen. Hinzu kommen Ereignisse, Gefühle und Gedanken, die mit den engsten Angehörigen oder Freunden zu tun haben, sowie mit meinen Patienten, die ich persönlich betreue.

Menschen, mit denen mich eine Art Verbundenheit vereint, sind viel eher in meinem Energiefeld präsent als alle anderen. Aber eben auch kollektive Ereignisse, die sehr viel Angst und Trauer auslösen, sind für mich am eigenen Leib spürbar. Dazu gehören zum Beispiel Attentate, Unfälle, Verletzungen und wenn viele Menschen gleichzeitig sterben.

Andere mediale Menschen gehen mit anderen Situationen und Personen in Resonanz.

Das heißt, nicht jeder spürt alles. Und das ist auch gut so, sonst wäre der Mensch auf dieser Ebene gar nicht lebensfähig, weil ständig irgendetwas auf der Welt geschieht. Er würde ständig alles spüren und medial wahrnehmen und schließlich geistig, seelisch und körperlich zusammenbrechen. Das gilt vor allem für jene, die im letzten Jahrtausend geboren wurden. Die neue Generation kann mit dem Prinzip der Resonanz zum Teil besser umgehen. Ihre Körper passen sich den neuen Gegebenheiten besser an. Sie bringen einen ganz neuen, systemischen Körperaufbau mit auf die Welt, mit zum Teil feinstofflichen Ergänzungen und Erweiterungen, zum Beispiel neuen Energiezentren (Chakren und Meridianen), einer feinstofflich ergänzenden DNA-Struktur, einer neuen Farbstrahl-Struktur und neuen, chemisch-feinstofflichen Verbindungsmöglichkeiten, was ihre biochemischen Stoffwechselvorgänge verfeinert.

Wir aus der alten Generation dürfen nicht traurig sein, dass wir noch andere Voraussetzungen mitbringen und nur bedingt all den Verfeinerungen, die die neue Generation bereits mit auf die Welt bringt, angepasst werden können. Es ist unsere Aufgabe, nicht mit dem Schicksal zu hadern, sondern es anzunehmen, wie es ist, und zu lernen, in unsere medialen Wahrnehmungen Klarheit, Klärung und Ordnung zu bringen, damit unsere Körper unseren medialen Aufgaben gewachsen sind.

Zusammenfassung:

- Empathisch-mediale Kontakte sind manchmal sehr unangenehm.
- Die persönliche Seelenaufgabe entscheidet, wer mit welchem Energiefeld in Resonanz geht.
- Neue Generationen sind körperlich besser dem Prinzip der Resonanz angepasst.

☆☆☆

Mediale empathische Wahrnehmung mit Leib und Seele

Wer seine medialen Kanäle immer offen hält – und das gilt für die allermeisten medial, empathisch und hochsensibel veranlagten Menschen –, nimmt per Resonanzprinzip alles wahr, was seine Sinne ihm präsentieren, und zwar mit Leib und Seele. Das bedeutet, dass er nicht nur innerlich spürt, wenn bestimmte Energiefelder aktiviert sind, sondern sie am eigenen Leib wahrnimmt. Der Mensch besitzt für diese Fähigkeit Spiegelneuronen, die ihm – im wahrsten Sinne des Wortes – spiegeln, was die Umwelt zu bieten hat. Mediale Wahrnehmungen über die offenen Sinne zu erhalten, ist immer auch mit einer dazu gehörigen, körperlichen Wahrnehmung verknüpft. Der Körper reagiert mit entsprechenden Botschaften und körperlich erlebbaren Gefühlen, die entweder sehr angenehm oder sehr unangenehm sein können.

Zu den angenehmen Körperreaktionen gehören:

- Euphorisches Kribbeln im ganzen Körper,
- das Gefühl, als ob alle Körperzellen tanzen, schwingen, singen und jubeln,
- das Gefühl, der ganze Körper wäre von Licht durchdrungen und erleuchtet,
- das Gefühl von Freude in allen Körperzellen, sozusagen von Kopf bis Fuß,
- ein angenehmes Wärmegefühl,
- ekstatische Vibrationen, Wellen, Bewegungen und Energieschübe, die den ganzen Körper durchziehen,

- wunderschöne Klänge, die im Körper pulsieren,
- innere Bilder voller Seligkeit, erhabene Visionen, intensive Farbstrukturen,
- angenehme Gerüche und Geschmacksempfindungen,
- Glücksgefühle von Seligkeit, Dankbarkeit und Offenheit,
- das Gefühl, mit der ganzen Schöpfung verbunden und eins zu sein,
- das Gefühl, vor lauter Gnade und Energie platzen zu können,
- das Gefühl, sich im Universum aufzulösen und göttlicher Sternenstaub zu sein,
- das Gefühl, sich aufzulösen und ganz neu wieder zusammengesetzt zu werden,
- das Gefühl, im Himmel zu sein.

Um diese besonders schönen, körperlichen Reaktionen auszulösen, muss der Mensch in seinem tiefsten Inneren berührt werden von der schöpferischen göttlichen Liebesenergie an sich, die sich ausdrückt in unterschiedlichen Formen, Situationen und Erlebnissen. Diese finden sich immer wieder im Alltag. Ganz besonders an Kraftplätzen, an Orten, an denen Harmonie und Schönheit wirken, innerhalb lichtvoller Begegnungen mit der Schöpfung, mit Menschen, Tieren, Pflanzen und Landschaften. Sie finden sich, wenn man teilhaben kann an glücklichen Ereignissen und besondere Momente innerer Stille erlebt. Aber natürlich auch, wenn man seelisch oder seelisch und körperlich vereint ist mit dem geliebten Partner. Einen Menschen tief und innig zu lieben, kann körperlich und seelisch die wunderbarsten Reaktionen im Körper auslösen. Das gilt auch für ganzheitliche und heilige sexuelle Begegnungen. Darüber hinaus ist der

Körper voller Glücksgefühle, wenn man ganz bei sich selbst ist und sich bewusst ist, ein Ausdruck göttlicher Liebe zu sein und dieses Sein voll und ganz erlebt und genießt. Sich seiner selbst bewusst zu sein, schenkt mediale Eindrücke, die einfach nur wundervoll sind.

Zu den unangenehmen Körperreaktionen gehören:

- Angstzustände, die zittrig machen und die Tränen fließen lassen,
- jede Art von Trauer, abgrundtiefe Trauer,
- Übelkeit, Kopfschmerzen, Schwindel, Ekelgefühle, innere Widerstände, Wut, Zorn und Ablehnung,
- das Gefühl, weg zu wollen von der Erde, sterben zu wollen,
- Schweißausbrüche, Fröstelattacken, körperliche Schwäche, totale Erschöpfung, Herzrasen, üble Schmerzattacken,
- unangenehme Klangwahrnehmungen, eklige Gerüche und Geschmacksempfindungen, hässliche oder erschreckende innere Bilder und Visionen,
- das Gefühl, wie gelähmt zu sein oder gleich zusammenzubrechen,
- unerklärliche Heulattacken, Weltuntergangsstimmung,
- das Gefühl von Energieverlust, als wenn man ausläuft,
- man bekommt plötzlich schlechte Laune, ist gereizt und angespannt,
- ein Gefühl, von eisiger Kälte umfangen zu sein,
- starke Depressionen, Gefühle von Sinnlosigkeit.

Die Liste könnte noch endlos fortgeführt werden.

Werden angenehme wie unangenehme Energien bewusst wahrgenommen, dann kommen Körper, Seele und Geist damit klar. Die Quelle dieser Wahrnehmungen und Reaktionen ist dann meistens bekannt. Man weiß, warum man so reagiert, und kann sich gezielt auf das Erleben der Reaktion einlassen – wenn es eine gute Reaktion ist – oder sich davon distanzieren – wenn es eine unangenehme Reaktion ist. Anders sieht es aus, wenn plötzlich unerklärliche Stimmungen und körperliche Reaktionen auftreten.

Zusammenfassung:

- Spiegelneuronen spiegeln Energiefelder im eigenen Inneren und werden mit Leib und Seele wahrgenommen.
- Es gibt wunderschöne Wahrnehmungen, die in Leib und Seele in Resonanz gehen.
- Es gibt aber auch fürchterliche, sehr anstrengende Wahrnehmungen, die in Leib und Seele in Resonanz gehen.
- Bewusst wahrgenommene Energiefelder sind leichter zu verarbeiten als plötzlich auftretende.

☆☆☆

Unbewusstes Wahrnehmen von Energien

Wer noch im letzten Jahrtausend geboren wurde, weiß, wovon ich spreche. Das Unerklärliche kommt überfallartig und löst bestimmte, körperlich unangenehme Reaktionen aus. Das kann von einer auf die andere Sekunde geschehen und sehr viel Verunsicherung oder Angst verbreiten. Ich selbst bin auch so eine Kandidatin, die wie auf Knopfdruck plötzlich in ein Energiefeld eintreten kann und dann manchmal bis zu vielen Stunden darin bleibt. Das kann sich manchmal so fürchterlich anfühlen, dass ich am liebsten meine Lebensaufgabe auf der Stelle beenden möchte und sofort zurückkehren will in die Geistige Welt. Da ich zur alten Generation gehöre, die im letzten Jahrtausend geboren wurde, gehört diese unangenehme Erfahrung mit zu meinem Lebensweg. Ich habe mich mittlerweile mit diesen Erfahrungen ausgesöhnt und werde dir im weiteren Verlauf des Buches viele Tipps mit auf den Weg geben, um diese Erfahrungen zu verarbeiten und zu erlösen, denn es macht Sinn, dass es so ist, wie es ist! Und dass kein herkömmliches Schutzritual, das ebenfalls aus der alten Zeit stammt, irgendetwas verändern könnte.

Ja, noch einmal: Es macht Sinn, dass Resonanz geschieht, auch wenn sie unbewusst eintritt und im Körper unangenehme Reaktionen auslöst.

Alle Generationen, die im letzten Jahrtausend geboren wurden und noch all die niedrigeren Schwingungsfrequenzen durchlaufen mussten, hinken körperlich immer ein wenig der schnell steigenden Schwingungsfrequenz der Erde hinterher. Das heißt, sie sind nicht immer voll und ganz bewusst. Ihr System muss einiges verarbeiten, ausgleichen und anpassen. Darauf sind ihre Körper nur bedingt vorbereitet, und einen neuen Körper gibt es erst, wenn eine neue Inkarnation ansteht. Es muss deshalb möglich sein, mit dem alten Körper Anpassung zu erleben. Aber das ist nie optimal möglich. Also gibt es immer wieder Bewusstseinslücken, die Angst und Schrecken verbreiten. Und dann weiß der Mensch nicht, was gerade mit ihm geschieht, und warum. Wir sind dem Geschehen zunächst einmal hilflos ausgeliefert.

Viele hochsensible, empathische und mediale Menschen meinen nun, sie könnten sich in Sicherheit bringen, wenn sie sich komplett von allen disharmonischen Quellen zurückziehen. Aber das funktioniert leider überhaupt nicht. Du kannst meilenweit von einem Geschehen entfernt sein, und spürst es dennoch! Du kannst dich in einer anderen Zeitzone befinden, und spürst es dennoch.

Die meisten Energiefelder, mit denen du in Resonanz gehst, haben vordergründig nichts mit dir zu tun. Du empfängst einfach die Schwingung – und fertig. Wenn du tiefer schaust, dann erkennst du, dass diese Felder eben doch etwas mit dir zu tun haben, nämlich indem sie dein Schmerz- und Leidgedächtnis aktivieren, denn du kannst nur mit etwas in Resonanz gehen, das in dir bereits vorhanden ist. Erinnere dich deshalb an alle deine leidvollen Erfahrungen im Leben. Sie haben in dir die Erfahrung von Leid und Schmerz „eingebrannt". Diese Erfahrung steckt in allen deinen Körperzellen. Und nun kannst du in Resonanz gehen mit einem ebenso traurigen und leidvollen Schmerz, der ein entsprechendes Feld gebildet hat.

Im Grunde kennen wir das alle, vor allem wir älteren Generationen. Wir kommen an einen Platz, von dem wir nichts wissen und an dem es ganz nett ist. Aber plötzlich bekommen wir entsetzliche Beklemmungen und Schüttelfrost. Oder wir wachen morgens schon auf und fühlen uns wie gerädert. Wir könnten nur noch heulen. Oder wir betreten ein Haus und spüren sofort, dass hier ungute Energien herrschen. Wir wollen bloß noch weg. Manche Begegnungen mit anderen Menschen machen uns urplötzlich Angst. Wir bekommen Schweißausbrüche und Herzrasen und suchen das Weite. Oder uns wird plötzlich so schlecht, dass wir alles stehen und liegen lassen müssen, um ins Bett zu gehen. Oder wir erleben eine plötzliche Erschöpfung und fühlen uns fix und fertig.

Schmerzhafte Energiefelder überfallen mediale Menschen oft von einer Sekunde zur anderen. Noch war alles in bester Ordnung, aber auf einmal herrschen innerlich Chaos, Körperschmerzen oder Angstzustände, angeflogen wie aus heiterem Himmel.

Genauso plötzlich verschwinden die Symptome aber auch wieder. Meistens dann, wenn einem bewusst geworden ist, in welchem Energiefeld man gerade steckt. Auf einen Schlag können Körper und Seele innerlich loslassen und sich wieder aus dem schmerzhaften Energiefeld herausbegeben.

Noch gut erinnere ich mich zum Beispiel an das Attentat von Münster im Frühling 2018. Ich erwachte schon mit einem unguten, sehr traurigen Gefühl. Das Attentat war noch nicht geschehen, aber ich spürte schon das entsprechende Energiefeld und reagierte seelisch und körperlich darauf. Noch wusste ich nicht, in welches Energiefeld ich geraten war. Erst viele Stunden später, als ich die Nachrichten sah, erkannte ich die Resonanzquelle: Ein Verrückter war mit seinem Auto in die Gäste eines Cafés gerast. Sobald ich mir bewusst wurde, woher meine Trauer stammte, konnte ich sie komplett loslassen. Bei mir persönlich äußert sich das dann so, dass ich – sobald ich bewusst erfahre, mit welchem Energiefeld ich in Resonanz gehe – eine klare Bestätigung bekomme, dass es genau dieses Energiefeld ist und nichts anderes. Somit ist das Energiefeld in meinem Bewusstsein und kann von mir in meinem Inneren verwandelt werden.

Unbewusste Wahrnehmungen von Energiefeldern können aber auch angenehme Reaktionen hervorrufen. Plötzlich fühlt man sich glücklich wie noch nie. Oder frisch gestärkt und energiegeladen. Warum auch immer, man trifft auf eine Energiequelle, die einem nicht bewusst ist, und wird mit wunderbaren Schwingungen versorgt. Oft geschehen solche „Wunder" in der Natur. Manchmal auch nach einer Begegnung mit Menschen, nicht selten auch auf überfüllten Plätzen, in Kaufhäusern, bei Veranstaltungen und unterwegs in Städten. Nicht immer nämlich sind Orte voller Menschen für mediale Menschen eine Quelle der Überforderung, sondern oft ein Sammelbecken aller möglichen Energiefelder, eben auch guter und glücklicher Felder.

Eines meiner goldigsten Erlebnisse hatte ich ganz banal beim Einkaufen im Supermarkt. Da ich keine Stofftasche mitgenommen hatte, musste ich mir eine kaufen. Ich bückte mich, um so eine Tasche unter dem Band an der Kasse herauszuholen und bekam eine knallorangefarbene in die Hände. Ich zog sie heraus und spürte plötzlich ein überwältigendes Glücksgefühl in mir. Leise kicherte ich in mich hinein und hielt die Stofftasche an mein Herz. Bis heute weiß ich nicht, warum mich diese Tasche so glücklich machte. Aber irgendein Resonanzfeld löste diese schöne Reaktion in mir aus. ☺

Bei guten Gefühlen ist es auch nicht immer wichtig zu wissen, welches Feld sie auslöst. Man genießt sie einfach, freut sich und ist dankbar. Manchmal sind es menschliche Felder, manchmal geistige, manchmal völlig unbekannte Felder, die Freude auslösen.

Besonders schön ist es allerdings, wenn Menschen diese Felder auslösen. Bei der Vielzahl an Menschen ist es allerdings oft nicht möglich, den Verursacher dieser wunderbaren Energiequelle auszumachen. Solche Erlebnisse sollten immer mit viel Dankbarkeit verbunden sein. Vielleicht war gerade ein Engel in Menschengestalt in der Stadt oder jemand mit einer sehr hochschwingenden Energieausstrahlung.

Da ich öfter mit öffentlichen Verkehrsmitteln fahre, kann es mir schon mal passieren, dass ich beides wahrnehme, also die tiefe Trauer von Menschen um mich herum und gleichzeitig die größte Glückseligkeit. Auch wenn mir nicht immer bewusst ist, wer welche Ausstrahlung hat, rechne ich immer mit allem.

Unbewusste Wahrnehmungen von Schmerz und Trauer sind hingegen immer eine große körperliche Anstrengung. Das ist für nicht-mediale Menschen oft überhaupt nicht zu verstehen. Sie meinen dann oft, wir wären krank, depressiv, launisch und hochgradig überempfindlich. Es macht auch keinen Sinn, anderen erklären zu wollen, was gerade geschieht. Sie würden es nicht verstehen und uns für minderbemittelt oder verrückt halten.

Es ist schon schwer genug, sich selbst zu verstehen und zu wissen, dass man nicht übergeschnappt ist und auch nicht an Depressionen leidet oder anderen psychischen Schäden, wenn Stimmungen knopfdruckartig auftreten und auch wieder verschwinden.

Zusammenfassung:

- Manchmal tritt man ganz plötzlich in ein Energiefeld ein und geht damit in Resonanz.
- Alle Wahrnehmungen machen Sinn, so, wie sie sind, auch die weniger angenehmen.
- Jegliche Resonanz macht Sinn für die individuelle Seelenaufgabe.
- Die Körper der älteren Generationen sind nicht immer optimal den medialen Wahrnehmungen angepasst.
- Resonanz aktiviert das Schmerz- und Leidgedächtnis bei unangenehmen Wahrnehmungen.
- Bewusstes Wahrnehmen und Wissen um das Energiefeld hilft, aus persönlich unangenehm empfundenen Wahrnehmungen herauszukommen und diese zu erlösen.

☆☆☆

Im Traum in Aktion sein

Viele mediale Menschen der alten Generation werden nachts im Einsatz sein. Da ihre Körper tagsüber meistens vollauf mit Energieausgleich und Verarbeitung der medialen und anderen Wahrnehmungen sowie der normalen Alltagstätigkeiten beschäftigt sind, bleibt nicht so viel Energie übrig, um bewusst für die Welt Heilkraft strömen zu lassen, was letztlich der übergeordnete, göttliche Sinn jeglicher Medialität ist. Mediale Gaben dienen immer dazu, der gesamten Welt Heilung zu bringen. Und mit Heilung meine ich auch Klärung, Reinigung, Ordnung, Liebeskraft, Entwicklung und mehr Bewusstheit.

Im Alltag jedoch bleiben manchmal weder Zeit noch Energie übrig, zu einem bewussten Kanal für liebende Heil- und Transformationsenergie zu werden und der Schöpfung aktiv zu helfen, sich der neuen Frequenz anzugleichen und ein neues Bewusstsein zu integrieren.

Also greift dieser göttliche Mechanismus im Schlaf. Der Körper ist dann im Ruhemodus, Geist und Seele können in Aktion treten. Das Gute dabei ist, wenn man weiß, dass man trotz eingeschränkter körperlicher Kapazitäten in Aktion treten kann, um den göttlichen Willen der bewusst erlebten Liebesenergie auf der Erde zu integrieren. Das Fatale aber dabei ist, dass man am Morgen oft das Gefühl hat, gar nicht geschlafen zu haben und sich erschöpft fühlt. Meistens waren die Träume dann so real und intensiv, dass man meint, gar nicht geträumt zu haben, sondern innerhalb der anderen Ebenen voll und ganz im Einsatz gewesen zu sein.

Stehen weiträumige und intensive Schwingungserhöhungen an, kann diese „Hilfe im Schlaf" sich manchmal über Wochen oder Monate hinziehen. Entsprechend eingeschränkt funktioniert der menschliche Alltag, denn Menschen der alten Generationen müssen mit ihrem Energiebudget haushalten. Sie können sich zwar jederzeit auf der göttlichen Ebene auftanken, aber nicht unbegrenzt.

Während ich dies schreibe (2018), erlebt die Erde wieder eine massive Schwingungserhöhung. Die Todesanzeigen in der Zeitung gehen über drei Seiten hinweg, weil viele diesen Sprung nicht mitmachen wollen oder können. Seit Wochen habe ich das Gefühl, morgens wie gerädert zu sein, auch wenn ich tief und fest schlafe. Die Natur galoppiert voran, sodass meine Rosen nach der langen Kälteperiode schon vier Wochen früher blühen als sonst, und viele Menschen haben den Eindruck, gar nicht mehr hinterherzukommen, so schnell wie alles gerade abläuft. Die Zeit rast, zumindest kommt es uns so vor, und die Menschen, die noch fest an die dreidimensionale Welt gebunden sind, fühlen sich immer wieder erschöpft und kraftlos. Hinzu kommt der extrem lange, heiße Sommer und der trockene Herbst, die noch einmal zeigen, wie anstrengend dieses Jahr für die ganze Erde ist. Und nicht nur in Europa zeigen sich extreme Wetterlagen. Überall ächzt und stöhnen die Menschen unter den spürbaren Veränderungen, seien sie klimatischer, politischer oder individueller Natur.

Alle Seelen, die nachts im Einsatz sind, haben sich freiwillig für diesen Einsatz gemeldet. Ihre Körper werden genügend Energie haben, dieser Aufgabe gerecht zu werden. Und dennoch werden sie immer wieder von Erschöpfungszuständen geplagt und müssen sich ihren menschlichen Alltag sehr gut einteilen, um nicht auszubrennen.

Die nächtlichen Einsatzgebiete sind mannigfaltig. Das können private Energiefelder sein, globale, universale oder kosmische. Es können konkrete Einsatzgebiete sein, zum Beispiel in sogenannten Krisenherden auf der Welt. Aber es können auch Einsatzgebiete sein, die nicht von dieser Welt sind und eine Konstellation im Kosmos betreffen.

Manchmal erinnert man sich an einen entsprechenden Einsatz. Das betrifft vor allem konkrete Einsatzgebiete, die entweder innerhalb der Familie, im Freundeskreis oder im Arbeitsumfeld auftreten. Oder ein konkretes Weltgeschehen betreffen. Und manchmal erwacht man einfach mit dem Gefühl, die ganze Nacht „gearbeitet" oder sogar „geackert" zu haben.

Es hilft leider nicht, sich wegen dieser Tatsache aufzuregen. Die Seele folgt ihrer eigenen Wahrheit und ihren Aufgaben, auch wenn der Mensch nicht darüber erfreut ist und diese nächtlichen Einsätze am liebsten abschaffen möchte. Aufregung, Zweifel, Zorn und Widerstand kosten nur zusätzlich Kraft.

Lass die Dinge geschehen, wie sie geschehen wollen. Gib dich dem Fluss des Leben und deiner Bestimmung hin, und schwimme mit dem Strom. Sei dankbar, dass du an diesen großartigen Einsätzen teilhaben kannst. Du wirst dennoch genügend Kraft zur Verfügung haben, um dein eigenes Leben gut zu meistern.

Zusammenfassung:

- Wer zu den älteren Generationen gehört, erlebt oftmals einen helfenden Einsatz im Traum.
- Sinn sämtlicher Resonanz ist es, bewusst Heilkraft in eine entsprechende Situation zu senden.
- Das persönliche Energiebudget sollte bei jedem helfenden Einsatz beachtet werden.

Tagsüber im Einsatz sein und gleichzeitig neben sich stehen

Wird dein Seeleneinsatz tagsüber gebraucht, kann es sein, dass du dich wie neben dir stehend empfindest. Ein Teil deiner Seele ist gar nicht bei dir, sondern irgendwo bei einem helfenden Einsatz, irgendwo innerhalb eines Energiefelds beschäftigt, entweder auf der Erde oder sonstwo im Universum.

Hochsensible, empathische und medial veranlagte Menschen besitzen die Gabe, mit der gesamten Schöpfung in Resonanz zu gehen, eben nicht nur im grobstofflich irdischen Bereich. Während du im Einsatz bist, fühlt sich dein Körper müde, schwach und wenig geerdet. Du hast tatsächlich das Gefühl, neben dir zu stehen. Über dein Kronenchakra ist ein Teil deiner Seelensubstanz nicht bei dir. Manchmal erstreckt sich dieser Zustand sogar über mehrere Tage.

Sobald dein Einsatz beendet ist, wirst du dich wieder stark, geerdet, anwesend und bei dir fühlen. Integriere das Wissen um deinen Seeleneinsatz einfach in dein Leben, denn dagegen tun kannst du letztlich nur wenig. Es ist, wie es ist. Du gehörst zu den Auserwählten, die eben auch tagsüber seelisch gebraucht werden und deren Körper dann nur zur Hälfte von deiner Seele „bewohnt wird".

Am besten ist es, wenn du deiner Seele mit deiner ganzen Persönlichkeit erlaubst, diese Aufträge auszuführen. Je mehr Widerstand du leistest, desto schlechter fühlst du dich. Um ein wenig mehr Kraft zu haben, hilft dir alles, was dich erdet. Gartenarbeit, Hausarbeit, handwerkliche Tätigkeiten – sie unterstützen dich, den in dir verbliebenen Teil deiner Seele zu stärken, und das hilft auch deinem Körper.

Wenn ich persönlich mal wieder merke, dass ein Teil meiner Seele anderweitig zu tun hat, lege ich meine Putzarbeit auf diese Tage. Würde ich an solchen Tagen vermehrt geistige Arbeit leisten, würde mich das komplett auslaugen. Körperliche Tätigkeiten erden mich.

Lerne, diese Einsätze nicht als Strafe zu sehen, sondern als große Ehre.

Aber woran erkennst du, dass deine Seele im Einsatz ist und nicht gerade ein energetischer „Angriff“ stattfindet?

Dein Seeleneinsatz fühlt sich nicht unangenehm an. Du stehst neben dir, aber du hast nicht das Gefühl, energetisch ausgesaugt zu werden oder von starken Depressionen befallen zu sein. Oder sogar gleich sterben zu müssen.

Seeleneinsätze kosten körperlich Kraft, aber sie hinterlassen keine üblen Stimmungen, und sie lösen auch keine Unfälle oder Unglücke aus. Man fühlt einfach ganz klar, dass ein Teil der Seele woanders ist. Das zu akzeptieren ist auf jeden Fall Teil einer geordneten Medialität.

Die neuen Generationen werden es diesbezüglich leichter haben, da sie von Anfang an nicht im Dunkeln tappen, sondern wissen, dass ihr Seeleneinsatz erwünscht ist. Auch werden sie den körperlichen Kraftverlust nicht so drastisch empfinden.

Zusammenfassung:

- Wer tagsüber medial im Einsatz ist, fühlt sich, als würde er neben sich stehen.
- Das gehört mit zur Seelenaufgabe. Um Energie zu sparen, sollte man alles so geschehen lassen, wie es geschieht. Widerstand kostet nur unnötige Kraft.

- Innerhalb dieses Zustands ist ein Teil der Seele im Einsatz. Es hilft, sich an diesen Tagen gut zu erden und zum Beispiel Hausarbeiten auszuführen.
- Einsätze dieser Art hinterlassen keine schlechten Gefühle und dauern nur so lange, wie es nötig ist.

☆☆☆

Können menschliche Körper den neuen Herausforderungen gerecht werden?

Diese Frage muss mit JEIN beantwortet werden, denn jede Seele bringt eine eigene Bestimmung mit ins Leben. Während die neuen Generationen zum Großteil schon mit neuen, feinstofflich erweiterten Körpern ins Leben kommen und schon auf einer besonderen Bewusstseinsstufe denken, fühlen und handeln, gilt das für alte Generationen nicht. Oder nur bedingt.

Unsereins muss darauf vertrauen, dass im Rahmen des persönlichen Seelenauftrags eine „Nachrüstung" einigermaßen möglich ist, aber eben nur bedingt. Es wird Menschen geben, die beinahe eine komplette Reaktivierung erhalten und die Möglichkeit haben, feinstoffliche Verfeinerungen zu bekommen. Und dann wird es andere geben, die nur die eine oder andere Verfeinerung in sich integrieren können. Ein Großteil wird so bleiben, wie er ist.

An dieser Stelle ist Vorsicht geboten, denn das alte menschliche Denken führt dazu, sich stets Verbesserungen zu wünschen. Alles soll besser, leichter, schneller und schöner sein. Doch das Ziel medialer Wahrnehmung ist – in Bezug auf ihre Intention – nicht an duale Zustände gebunden. Es wird also individuelle Anpassungen geben, die dem Seelenauftrag entsprechen, ob es dem Menschen passt oder nicht. Hierbei geht es einzig und allein um die Frage, inwieweit der Einzelne fähig ist, seinen Seelenauftrag zum Wohl aller im Wir-Bewusstsein zu erfüllen. Und ob das überhaupt in diesem Leben Teil seiner Bestimmung ist. Das, und nur das, ist das einzige Kriterium, um noch in diesem Leben feinstoffliche Ergänzungen im Körper zu integrieren.

Alle anderen werden ihren Lebensauftrag bis zum Ende erfüllen, so, wie es in ihrer Bestimmung liegt. Für sie wird es dann erst einen Wechsel in die geistige Ebene geben, sobald sie hier in diesem Leben mit ihrem Lebensauftrag „fertig“ sind. Sie werden dann mit einem neuen Körper zurückkehren, der bereit ist für ihre neue Seelenaufgabe, die nun einzig und allein dem Wir-Bewusstsein dient.

Der Mensch sollte begreifen, dass es nicht notwendig ist, alles in einem einzigen Leben zu bewerkstelligen. Ehrgeiz führt hier zu nichts. Wer unbedingt jetzt schon etwas für die Erde tun will, kann das jederzeit tun. Diese Möglichkeit tragen alle Menschen in sich, ob sie hochsensibel oder medial sind oder nicht. Doch die Erwartung, sofort – wie die neuen Generationen – einen neuen Körper mit feinstofflichen Ergänzungen zu erhalten, ist maßlos und nicht möglich.

Es ist nicht ungerecht, zur alten Generation zu gehören, denn diese hat sich entschlossen, Pionierarbeit zu leisten und innerhalb der alten körperlichen Struktur mediale Gaben zu entwickeln und zum Einsatz zu bringen. Du, liebes Kind der alten Generation, bist ein Geschenk an die Welt, weil du den Weg bereitest für die neue Generation. Du bist das Elternteil oder Großelternteil, das deinem Kind oder Enkel sein Herz öffnet und es in Liebe gedeihen lässt. Du bist der Resonanzkörper für Schmerz und Leid, um die Menschen davon zu erlösen und zu heilen. Du bist wichtig, du bist ersehnt, sonst wärst du jetzt nicht hier. Bitte verfalle jetzt nicht in Selbstmitleid, in die Opferrolle oder in das Gefühl von Minderwertigkeit, denn das ist deiner feinen, hochschwingenden Seele nicht würdig. Akzeptiere stattdessen, dass du ein Licht bist für die Welt, das innerhalb seiner Zeit Großes bewirken kann. Auf dir, wie auf jedem Menschen, liegt der göttliche Segen der Liebe. Du bringst, auch im alten Körper, Licht und Liebe auf die Welt. Nimm diese Aufgabe in Dankbarkeit an und freue dich darüber.

So, wie du bist, geliebtes Kind, bist du genau richtig. An dir ist nichts falsch. Deine Seele hat sich entschlossen, genau diesen Zeitpunkt zu wählen, um zu inkarnieren, und genau dieser einen Bestimmung zu folgen, die dem göttlichen Plan für dich innerhalb dieses Lebens entspricht. Mehr zu wollen und einzufordern würde der göttlichen Intention für dich widersprechen. Deshalb horche tief in dich hinein und werde nicht ungeduldig oder missgünstig den neuen Generationen gegenüber. Gönne ihnen in Liebe und tiefer Demut und Gnade einen neuen Körper, und sei dankbar für alles, was du jetzt schon zu einer Welt voller Liebesschwingungen beitragen kannst.

Zusammenfassung:

- Je nach der Bestimmung des Einzelnen erfolgt eine körperliche Nachrüstung, um der Seelenaufgabe noch besser folgen zu können. Das gilt vor allem für die älteren Generationen.
- Ältere Generationen leisten Pionierarbeit und tun genau das, was ihrer Bestimmung im jetzigen Leben dienlich ist.

☆☆☆

Sich schützen – Ist das die Lösung?

Aus meiner eigenen Erfahrung heraus muss ich sagen, dass jegliche Schutzprogramme bei mir nie funktioniert haben. Weder Räucherungen, noch Salbungen, Rituale, Anrufungen und Gebete haben mir erspart, mit dem Leid der Welt in Resonanz zu gehen und stattdessen in meiner Seele und meinem Körper nur noch Ruhe zu empfinden. Mich abzuschotten ist für mich nicht machbar. Und ehrlich gesagt, ist das auch nicht der Sinn der Sache.

Mediale Menschen der alten Generation sind hier, um diese Resonanz wahrzunehmen und dann in sich selbst und schließlich am Ursprung zu erlösen, zu transformieren und zu heilen. Sie müssen zuerst das Leid selbst spüren, um in Aktion gehen zu können. Sonst würden sie es nicht tun. Erst die Wahrnehmung von Leid und Schmerz am eigenen Leib motiviert den Menschen, sich diesen Wandlungsprozessen in Liebe hinzugeben.

Dieser Mechanismus ist an die Körperstruktur der alten Energie gebunden. Auch wenn alle Menschen die Anlage zur Empathie in sich tragen, so neigt der Mensch mit der alten Körperstruktur dazu, es sich bequem zu machen und sich zwar mental zu beteiligen, aber nie mit der ganzen Kraft von Körper, Geist und Seele. Wer in den Nachrichten etwas Schlimmes hört, der denkt durchaus darüber nach, regt sich auf, ist mental beteiligt und schimpft auf die Zustände, oder ist schockiert und betroffen, vielleicht auch unangenehm berührt und erschüttert, aber er bleibt mehr oder weniger in seinen Gedanken. Das heißt, er erfährt das Leid und den Schmerz nicht am eigenen Leib. Er fühlt ihn nicht wirklich. Er denkt ihn bloß.

Erst wenn der Schmerz am eigenen Leib erfahren wird, kann er nachvollzogen werden und ist direkt im Menschen präsent – in seinem Denken, Fühlen und Spüren. Und natürlich wird er jetzt alles tun, um diesen Schmerz wieder loszuwerden. Zunächst – um seiner selbst willen. Das ist der erste Antrieb, die erste Motivation, sich wirklich ganz und gar einzusetzen und dem göttlichen Auftrag zu folgen.

Natürlich kann man jetzt einwenden, dass man doch auch ohne Empathie und Resonanzgefühl Heilkraft verschicken kann.

Heilkraft, die nur aus dem Denken heraus stattfindet, kann sich nicht wirklich entfalten. Sie erreicht nicht „das Ganze", sondern bleibt auf der mentalen Ebene stecken. Und das ist spürbar. Alle feinfühligen, hochsensiblen und medialen Menschen spüren sofort, wenn jemand nur auf der mentalen Ebene agiert, denn das ist nicht echt, nicht authentisch. Es ist gefühllos. Es ist aufgesetzt. Das will keiner. Aber es gibt immer noch viele Therapeuten, Heiler und Berater, die wirklich nur im Denken sind.

Was ist nun mit dem Ruf nach Schutz? Gibt es überhaupt eine Möglichkeit, sich zu schützen?

Schutz suggeriert, dass man etwas nicht will und ablehnt. Und sich entsprechend abgrenzt. Wer die Intention hat, sich zu schützen, will dem Auftrag der Seele nicht wirklich folgen. Er will seine Ruhe. Er will es bequem und leicht haben, möchte ein gemütliches Menschenleben haben und sich nicht mit dem eigentlichen Auftrag seiner medialen Gaben, dem göttlichen Auftrag und seiner Bestimmung im Leben auseinandersetzen.

Ja, es ist anstrengend für die alte Generation, diese Aufgabe zu bewältigen. Es ist kein Honigschlecken, und auch kein Ponyhof. Es nervt mitunter kolossal, macht schlechte Laune und Missmut, und verstärkt die innere Ablehnung. Und es kostet

Kraft. Man wünscht sich so sehr, dass es endlich leichter wird. Dass endlich nur noch Fröhliches und Freudiges passiert und diese schwere Arbeit des Einsatzes für die Welt ein Ende findet.

Dieser Wunsch ist natürlich legitim, und ich hege ihn auch ab und zu, aber er widerspricht dem eigenen Seelenauftrag. Und das ist dann meistens der Grund, warum alle Schutzmaßnahmen nichts nützen. Nur die Hingabe an diese göttliche Mission lindert den eigenen Schmerz.

Ja, so ist es. Die Hingabe und das absolute Annehmen der eigenen Mission lindern den eigenen Schmerz, der ein Produkt der Resonanz eines anderen Schmerzes ist. Erst wenn die Seelenaufgabe voll und ganz angenommen wird, erlösen sich auch die körperlichen Zustände, denen man ausgesetzt ist. Annahme ist die Basis für jegliche Art von Veränderungen, und Veränderungen bedeuten in diesem Fall, dass die Schärfe der am eigenen Leib erfahrenen Situation erträglicher wird und dann ganz verschwindet.

Geschieht das nicht, weil der Mensch wie ein Kind zappelt und sich gegen diese schmerzhafte Erfahrung am eigenen Leib wehrt, entstehen innerlich noch mehr Widerstände, denn die Seele drängt dazu, dieser Erfahrung standzuhalten und sie im Auftrag der göttlichen Bestimmung zu nutzen, um heilsame Energien zum Fließen zu bringen. Da Widerstände zusätzlich Kraft kosten, fühlen sich die, die sich gegen diese Erfahrungen zur Wehr setzen, erst recht ausgelaugt und erschöpft.

Deshalb ist die Absicht, sich vor fremdem Schmerz schützen zu wollen, nicht richtig, denn sonst verfehlt man seinen Seelenauftrag und vergeudet das kostbare Geschenk der Medialität. Man läuft sozusagen davon, stöhnt und ächzt und geht über in den Kampfmodus, sodass der Schmerz mit allerlei Mitteln bekämpft wird – Schutzsprays, Amulette, geweihte Gegenstände, magische Praktiken, Räucherungen und Duftöle – sie alle sollen dabei helfen. Und noch viele andere Mittel, die dem spirituellen Kommerz entstammen.

Nutze alle diese Mittel einfach aus Freude, weil sie angenehm für dich sind. Nur deshalb. Aber nicht, weil du hoffst, dich dadurch schützen zu können.

Es gibt keinen wirklichen Schutz, aber es gibt einen Bewusstseinsprozess, der das körperliche Empfinden erleichtert und wieder zurück zur Seelenarbeit führt. Sich bewusst zu machen, was gerade geschieht, macht demütig und dankbar. Und auch wenn der Schmerz unerträglich erscheint und du ahnst, dass du in Resonanz bist mit einem entsprechenden Feld, bringt das bewusste Eintauchen in dieses Feld in Liebe deinem eigenen Körper sofort Linderung.

Solltest du nicht wissen, ob der Schmerz ausschließlich dein eigener ist, oder ob du teilweise oder komplett in Resonanz bist mit einem Feld aus Leid, Trauer und Pein, dann frage deine Seele. Frage sie, ob dies dein Schmerz ist. Du wirst in dir spüren, was deine Seele dir antwortet. Es kann sein, dass ein klares Ja oder ein klares Nein kommt. Aber es kann auch sein, dass deine Seele dir zur verstehen gibt, dass der Schmerz sowohl mit dir als auch mit dem fremden Feld zu tun hat. Im Grunde ist ja alles eins, und nun haben sich deine eigenen Enttäuschungen und Frustrationen mit dem Feld der Schmerzen von außen vermischt.

Es ist zwar schön zu wissen, wenn ein Schmerz eindeutig zugeordnet werden kann, aber letztlich geht es um die Erfahrung selbst. Du möchtest wieder Frieden, Harmonie und Liebe wahrnehmen können, und das geschieht nur durch dein Zutun, indem du Heilkraft fließen lässt.

Die Frage nach dem Schutz ist also irrelevant. Du bist und bleibst ein Werkzeug der Schöpfung und bist auserwählt, heilend zu wirken. Deshalb freue dich! Ja, freue dich auf diese Aufgabe. Erkenne, wie wunderbar es ist, diese heilige Gabe der Medialität zu besitzen und sie anwenden zu können. Dein Körper zeigt dir die Richtung, indem er dich teilhaben lässt am Leid der Welt. Sei dir gewiss, dass du in der Lage bist und kompetent genug, das Feld der Leiden in eine Energie der Erlösung zu verwandeln. Ja, du! Du kannst es! Also drücke dich nicht länger davor. Jammere nicht, dass du schon wieder in so einem blöden Feld steckst, sondern nimm die Aufgabe lächelnd und dankbar an. Sei nicht neidisch auf die neuen Generationen, die ganz andere Körperstrukturen aufweisen und nicht mehr das komplette Resonanzprinzip durchlaufen müssen. Nimm deine Aufgabe in Liebe und Dankbarkeit an, statt dich selbst und deine Gaben abzulehnen und wütende, zornige und hasserfüllte Gedanken und Empfindungen der gesamten Situation gegenüber zu entwickeln.

Manche Menschen neigen dazu, sich selbst zu hassen, und lehnen ihre Gaben so sehr ab, dass sie all ihre Energie verlieren und beinahe zusammenbrechen. Sei dir bewusst, dass deine Gabe ein göttliches Geschenk ist, das schönste und höchste, das du in diese Welt mitbringen kannst. Und dass es zu deiner Bestimmung gehört, diese Gabe erlösend und heilend einzusetzen.

Dankbare Annahme ist der Schlüssel, um nicht zu viel Energie zu verlieren und von deinen schmerzhaften medialen Wahrnehmungen nicht ausgelaugt zu werden.

Je krasser du den Schmerz empfindest, desto eher wirst du selbst aus der Bahn geworfen. Alle Probleme, die gerade dein Leben mitbestimmen, tragen dazu bei, jeglichen Schmerz noch intensiver und schmerzvoller zu erleben als sonst. Lebst du zum Beispiel gerade in einer unglücklichen Beziehung, die sehr viele Enttäuschungen und Anstrengungen mit sich bringt, oder bist du beruflich unzufrieden und fühlst dich nicht ausgelastet oder überlastet, dann ruft diese Disharmonie noch zusätzlich deinen eigenen Schmerz auf den Plan, und dann schickt dir deine Seele die klare Botschaft: Nun „darfst“ du eigenen Schmerz und den fremden wahrnehmen.

Möchtest du also, dass deine Aufgabe ein wenig leichter ausfällt und nicht ganz so intensiv und krass empfunden wird, dann sorge in deinem Leben für Ausgleich und Balance.

Das ist natürlich nicht immer möglich, aber wenn du weißt, dass krasse und besonders schwerwiegende Empfindungen auch immer mit dir selbst zu tun haben, dann nimm dieses als Signal, dass es Zeit ist, dich selbst wieder ins Gleichgewicht zu bringen. Erhöhe deine Schwingungsfrequenz, indem du „höher“ denkst und fühlst. Begib dich mental und gefühlsmäßig auf die göttliche Schwingungsebene der Liebe.

Dort kannst du auftanken und dich mit Energie nähren. Reine göttliche Liebe wird zu dir fließen und dich regenerieren. Du wirst entspannen können und schließlich innerlich bereit sein, der Welt die Heilkraft zu schenken, die sie so dringend braucht – ja, mehr noch: deine Gaben zu verschenken. Dich selbst zu verschenken.

Wichtige Tipps, um nicht zu viel Energie zu verlieren:

- Schützende Maßnahmen machen keinen Sinn. Sie drücken nur deinen Widerstand aus und sorgen dafür, dass du noch mehr Energie verlierst. Mach dir klar, dass alles mit allem verbunden ist und du ein Teil dieser Verbundenheit bist. Sei stolz, dass du diese Verbundenheit bewusst wahrnehmen kannst.
- Sorge für möglichst viel Harmonie in deinem eigenen Leben.
- Nimm deine göttliche Aufgabe in Liebe und Dankbarkeit an, und werde zum Schöpfer von Liebesenergie und Heilkraft. Du bist auserwählt, Transformationen zu initiieren.
- Freue dich, dass du einen göttlichen Auftrag hast. Er gehört zu deiner Seelenaufgabe in diesem Leben. Lass dich auf ihn ein und verweigere ihn nicht.
- Hol dir neue Energie, indem du deine Gaben bewusst annimmst und dich in die göttliche Ebene der reinen Liebe hineindenkst und -fühlst. Auf diese Weise erhöhst du deine eigene Frequenz, und das macht dein Leben kolossal leichter.

Zusammenfassung:

- Resonanz dient der bewussten Wahrnehmung. Es soll so sein. Schützende Maßnahmen sind deshalb oft wirkungslos.
- Der Sinn dahinter ist die Erlösung vom Schmerz, und zwar in sich selbst sowie im Energiefeld.
- Wenn Leid am eigenen Leib gespiegelt und gespürt wird, dann kann Transformation stattfinden.
- Resonanz wird ganzheitlich erfahren, nicht nur im Denken, denn somit überwindet der Mensch seine Bequemlichkeit und setzt sich voll und ganz ein.

- Wer sich Schutz wünscht, lehnt seine Seelenaufgabe ab, was zu nichts führt. Nur die komplette Annahme der Seelenaufgabe schafft Linderung im eigenen Inneren.
- Wer den Schmerz befragt, inwieweit er mit einem selbst zu tun hat, schafft Klärung und macht den Weg frei zur Erlösung vom Schmerz.

☆☆☆

Warum Abgrenzung nicht wirklich hilfreich ist

Viele moderne Weisheitslehren predigen davon, sich konsequent abgrenzen zu lernen, Nein zu sagen und gut für sich selbst zu sorgen, indem man für andere nicht mehr zur Verfügung steht. Ich persönlich sehe diese Aufforderungen mit gemischten Gefühlen. Abgrenzung wird empfohlen, wenn man sich ausgenutzt fühlt und Energie verliert. Diese Tatsache ist aber an irdische Zustände gebunden und an Menschen, deren Ego nur sich selbst sieht und möglichst viel für sich selbst herausschlagen will. In diesem Fall macht es Sinn, sich abzugrenzen, Nein zu sagen und konsequent zu bleiben. Auf der irdischen Ebene ist es gesund und wichtig, sich abzugrenzen.

Es ist aber etwas völlig anderes, einem göttlichen Auftrag zu folgen, der nichts mit egoistischen Wünschen eines anderen Menschen zu tun hat. Mediale Wahrnehmungen von Energiefeldern haben nichts mit Egostrukturen zu tun. Sie gehören auf die Ebene der göttlichen Bestimmung. Abgrenzung macht deshalb keinen Sinn und könnte flapsig als „Arbeitsverweigerung" aufgefasst werden. Von wem oder was will man sich schließlich abgrenzen? Von der eigenen Seelenaufgabe in diesem Leben? Von dem eigenen göttlichen Potenzial? Von den eigenen Kompetenzen, Heilkraft in die Welt zu bringen?

Es ist unsinnig, Nein zu sagen, auch wenn sich das eigene Ego dann besser fühlt. Tief im Inneren weiß jeder medial veranlagte Mensch, dass er seiner Bestimmung nicht entkommen kann, wenn er dieses Leben sinnvoll nutzen möchte, indem er dem göttlichen Willen und nicht dem eigenen Egowillen folgt.

Stell dir vor, du bewältigst eine große Herausforderung, zum Beispiel die Besteigung eines hohen Berges. Natürlich fühlst du dich auf dem Gipfel erst einmal richtig erschöpft, von Spaß kann keine Rede sein, denn du hast unterwegs Energie verloren. Aber du fühlst dich ebenso stolz und glücklich, es aus eigener Kraft geschafft zu haben.

Du kannst einwenden, dass du die Bergbesteigung freiwillig gemacht hast, wohingegen das mediale Wahrnehmen oft ohne dein Einverständnis abläuft. Das stimmt zwar, aber das gilt nur für dein Ego. Deine Seele sehnt sich hingegen nach dieser medialen Herausforderung. Auf der Seelenebene erfolgt dein Einsatz nicht nur freiwillig, sondern bestimmend. Er ist deine Bestimmung. Und deine Bestimmung wirst du doch nicht verweigern, oder?

Empathische Medialität ist deine Bestimmung, wenn du jemand bist, der diese Art der Wahrnehmung lebt. Sie gehört zur Bestimmung deiner Seele. Und nun heißt es, dieser Bestimmung zu folgen und gleichzeitig dafür zu sorgen, dass deinem Körper genügend Energie dafür zur Verfügung steht, denn das ist das eigentliche Problem: Du musst ständig dein Energieniveau auffrischen, auffüllen, aber vor allem halten.

Der Ansatz ist daher nicht Abgrenzung, Abschottung und Schutz, sondern: Energiebalance.

Lass dir auch von niemandem einreden, du würdest nicht genug bei dir selbst sein. Du würdest deine gesamte Aufmerksamkeit nach außen verlagern, statt bei dir selbst zu sein. Das ist so nicht richtig. Im Gegenteil: Du bist fähig, dich selbst wahrzunehmen und gleichzeitig alles andere. Deine Wahrnehmungskanäle und dein Bewusstsein laufen mehrgleisig.

Oft versuchen spirituelle oder psychologische Berater, subtil Schuldgefühle zu wecken, wobei ihnen dieses Verhalten noch nicht einmal bewusst ist. Dir wird suggeriert, dass du etwas falsch machst, wenn du anstrengende Energien wahrnimmst. Du versuchst also, noch mehr bei dir selbst zu sein und nimmst trotzdem alles andere gleichzeitig wahr. Dieser krampfhafte Versuch, sich zu schützen, abzugrenzen und die Aufmerksamkeit partout bei sich selbst zu halten, kostet zusätzlich Kraft, denn letztlich verändert sich die Situation nicht wirklich. Natürlich nimmst du weiterhin alles andere wahr und bist in Verbundenheit mit allem. Wie sollte es auch anders sein?

Es ist ganz natürlich, diese Gabe auf allen Kanälen zu erleben. Erkenne deshalb, wenn dir zusätzlich Stress gemacht wird und du mit Gefühlen von Schuld und Versagen reagierst: Niemand hat das Recht, dich in die Opferrolle zu stoßen.

Suche dir deshalb nur solche Berater, die dir wirklich helfen und Verständnis haben für deine großartige Seelenaufgabe. Sie sollten dich trösten, motivieren und anleiten, möglichst viel Energie zur Verfügung zu haben für all das, was du dir in diesem Leben vorgenommen hast.

Zusammenfassung:

- Abgrenzung ist gut innerhalb irdischer Gegebenheiten, aber nicht, wenn es darum geht, den göttlichen Auftrag zu erfüllen.
- Achte daher auf eine positive Energiebalance und minimiere zusätzlichen Stress.

Orte der Kraft, und Orte der Schwäche

Statt Abwehrmechanismen zu entwickeln, sich abgrenzen und schützen zu wollen, gibt es viele andere Möglichkeiten, trotz intensivem Einsatz Energie zu behalten und nicht auszuzehren. Mediale Menschen der alten Generation benötigen räumliche Strukturen, um nicht immens Energie zu verlieren. Als Kinder der Alten Energie tragen sie diese niedrigere Schwingung ein Stück weit immer in sich. Das gehört zu ihrer Geburtsschwingung. Ebenso tragen sie alles in sich, was sie im Leben erfahren haben, und an Leid wurde wahrlich nicht gespart. Das bedeutet aber auch, dass sie oft empfindlicher und empfindsamer sind als neue Generationen, die unter ganz anderen Voraussetzungen und Bedingungen geboren worden sind und noch geboren werden.

Mediale Menschen der alten Generation sind schnell überfordert und verlieren leicht Energie. Sie haben mediale Stärken, aber auch ihre Schwächen oder Teilleistungsstörungen. Außerdem ist ihr Schmerzgedächtnis permanent aktiviert. Der Aufenthalt an Orten, an denen man sich erholen kann, oder solchen, die Energie schenken, sollten deshalb zum täglichen Regenerationsprogramm gehören.

Die eigene Wohnung kann so ein Ort der Stärke sein. Man muss also nicht heraus und fremde Kraftorte aufsuchen, um wieder ganz bei sich selbst zu sein. Als göttliches Wesen der Schöpfung ist jeder Mensch fähig, sein eigenes Kraftfeld zu erschaffen. Und zwar konkret innerhalb seiner eigenen vier Wände.

Dazu bedarf es göttlicher Ordnung, liebevoller Klarheit und harmonischer Schönheit. Diese drei Komponenten helfen jedem medialen Menschen, sich auf eine höher schwingende

Frequenz der Liebe zu begeben und dort zu regenerieren, und mediale Eindrücke sowie Einsätze zu verarbeiten.

Dann nämlich gelingt es, diese göttliche Ordnung in das Durcheinander der Empfindungen und Resonanzen zu bringen und sich nicht zu verausgaben.

Ein ordentliches Heim, das den eigenen Vorlieben von Schönheit, Ästhetik und Harmonie entspricht, trägt am ehesten dazu bei, die göttliche Ordnung zu spiegeln und als Schwingung im eigenen Inneren zu integrieren, wohingegen jegliche Art von Unordnung und Chaos zu einem weiteren Energieverlust führt.

Es liegt in deiner eigenen Hand, dein Umfeld in Ordnung zu bringen, sodass es einer höheren Schwingung entspricht und dich unterstützt, nicht im Chaos der Resonanzen zu versinken. Ebenso dazu gehören klare, liebevolle und wohlwollende Gedanken, Gefühle und Handlungen.

Kläre dein Herz und deine Gefühle, sei dankbar für alle kleinen und großen Wunder in deinem Leben, nimm deine Herausforderungen an und bleib gelassen, hab Vertrauen in deinen Seelenplan, gib dich dem Leben hin, so, wie es sich gerade zeigt, und sorge in und außerhalb von dir für Reinheit und Klarheit.

Das alles ist leichter gesagt als getan, ich weiß. Als Mensch wird es dir auch nicht immer gleich gut gelingen, diesen Ratschlägen zu folgen. Also sei mitfühlend mit dir und deinen Schwächen. Verurteile dich nicht, sondern sende dir selbst liebende Aufmerksamkeit.

Richte deinen Fokus auf deine schöpferische Kraft und erschaffe dir täglich aufs Neue im Außen die Harmonie, die die göttliche Liebesenergie in dir spiegelt. Dein Ort der Kraft ist innerhalb deines Umfelds, deines Heims und somit auch in dir selbst erkennbar.

Zusammenfassung:

- Um sich zu erholen und neue Energie zu tanken, sollten neutrale Orte aufgesucht werden.
- Das eigene Heim kann ein Ort der Regeneration sein, in dem göttliche Ordnung in Verbindung mit Klarheit und Reinheit herrscht.

☆☆☆

Bewegung innerhalb hochschwingender Plätze, Orte und Landschaften

Je mehr du dir deiner inneren Bedürfnisse bewusst wirst, dass es wieder Zeit ist, Energie zu tanken, desto eher kannst du selbst für dich sorgen. Richte dich dabei nicht nach allgemeinen Ratschlägen, sondern erfahre selbst, was dich nährt und füttert. Viele Menschen empfehlen heutzutage, sich ausschließlich im Wald oder in der freien Natur mit Energie aufzufüllen. Das ist auf jeden Fall ein wertvoller Tipp, den du ausprobieren solltest. Ich komme später noch auf diese Methode zurück. Doch du selbst musst dich in deinem Inneren auf die Suche machen.

Frage dich dabei: Was brauche ich jetzt, in diesem Augenblick? Welche Energiequelle tut mir jetzt gerade gut? Was brauche ich, um wieder Kraft zu tanken?

Nur durch reale Erfahrung wirst du wissen, was dir im Augenblick guttut. Probiere es aus, auch wenn du merkst, dass der eingeschlagene Weg eventuell doch nicht so tauglich zum Entspannen, Erholen und Krafttanken ist.

Es stimmt zwar, dass eine stille Umgebung inmitten der Natur, im Wald oder in den Feldern als Energiespender unersetzlich ist, aber nicht immer ist dieser Weg gerade jetzt, in diesem Moment, für dich richtig.

Für mich persönlich ist die einsame Natur nicht immer hilfreich. Es kann sogar geschehen, dass es mir alleine im Wald schlechter geht. Das liegt daran, dass sich meine Wahrnehmungen in der freien Natur eher noch vertiefen und dann keine Linderung stattfindet, sondern eine Verschlechterung. Der ganze Weltschmerz stürzt dann erst recht auf mich ein. Alles erscheint glasklar und krass. Ich beginne zu grübeln und kann jedes Feld so tief und essentiell wahrnehmen, dass es mich beinahe umhaut. Die Natur fungiert dann als Katalysator, jedes kleinste Detail wie im Vergrößerungsglas wahrzunehmen. Für selige Wahrnehmungen der Freude, zum Beispiel, wenn es um den Zauber der Feenwelt geht, wirkt das natürlich umso wunderbarer und erfüllender. Schmerzhafte Erfahrungen hingegen verstärken sich. Zumindest erfahre ich es so.

Deshalb gehe ich in so einem Fall gerne in der Großstadt bummeln. Dort tauche ich ein in das lebendige Pulsieren der Stadt, in die Wahrnehmung hübscher Parks, schön dekorierter Geschäfte, bunter Waren, lustiger Straßenmusikanten, und genieße das fröhliche Gewusel unterschiedlicher Nationen, zum Beispiel einer japanischen Touristengruppe mit ihren Kameras.

Für mich persönlich hat die Großstadt, wenn sie nicht überfüllt ist, die Gabe, mich in eine höhere, lebendigere Schwingung zu versetzen. Mehr als eine oder zwei Stunden benötige ich nicht, um wieder Kraft zu tanken, mich inspirieren zu lassen und mich von interessanten Eindrücken erfüllt zu fühlen. Dann aber brauche ich wieder die Stille und kehre schnell nach Hause zurück.

Meine Empfehlung an dich lautet deshalb: Finde selbst heraus, was dir guttut, und in welcher Dosierung. Nur du alleine kannst herausfinden, wo und wie du wieder zu dir kommst, Energie tankst und deine Schwingung wieder erhöhst.

Auch ungewöhnliche Maßnahmen können dazu beitragen, deine Medialität besser zu verarbeiten. Zum Beispiel, indem du dich in eine leere Kirche setzt, ein Museum besuchst oder ein Rockkonzert, eine leckere Torte in einem hübschen Café verspeist, eislaufen gehst, saunierst, die Wohnung aufräumst und putzt, kreativ wirkst, mit den Händen arbeitest, gärtnerst, kochst, meditierst und etliches mehr.

Apropos meditieren: Bei mir hilft Meditation nur bedingt. Da geht es mir manchmal wie mit der freien Natur. Mitunter verschlimmert sich mein Zustand beim Meditieren, weshalb ich dann lieber zu fetziger Musik tanze. Auch sanfte, melancholische Klänge sind nichts für mich, wenn ich mich im Feld der Traurigkeit befinde. Ich brauche dann fröhliche Klänge, die gute Laune machen. „Happy Music" sozusagen.

Lass dir also bitte nicht einreden, was bei dir zu wirken hat, und was nicht, sondern finde es selbst heraus. Probiere und spüre, ob dir dieser Sinneseindruck oder diese Erfahrung Energie schenkt, oder nicht. Alles, was dir hilft, deine Schwingung zu erhöhen, wenn du im Feld der schmerzhaften Wahrnehmungen steckst, wird dir guttun und dich wieder mit dem Leben und dem medialen Zustand deines Schicksals versöhnen.

In einem weiteren Kapitel erfährst du noch Näheres darüber, wie du Energie als Ausgleich für niedrige Schwingungserlebnisse tanken kannst.

Zusammenfassung:

- Probiere selbst aus, was dir Energie schenkt, und was nicht.
- Reale Erfahrungen lassen dich regenerieren.

☆☆☆

Die Macht behalten und Entscheidungen treffen

Dein Bewusstsein und dein Empfinden gegenüber unangenehmen medialen Wahrnehmungen verändern sich sofort, wenn du das, was ist, annimmst, wie es ist. Mit dieser bewussten Annahme ändert sich auch dein Gefühl, denn du fühlst dich dem Geschehen nicht mehr machtlos ausgeliefert, sondern erkennst es als Zeichen deines Seelenauftrags an. Sobald du also die Entscheidung triffst, deinen Seelenauftrag zu akzeptieren, verleihst du deinen Wahrnehmungen Ordnung und Struktur. Du erlaubst ihnen, da zu sein und dir wichtige Hinweise zu geben, die dir klar machen, dass es wieder einmal an der Zeit ist, bewusst in Aktion zu treten, um heilende Liebesenergie aus dir heraus zu senden.

Was auch immer in deinem Leben geschieht, du kannst jederzeit die Entscheidung treffen, wie du es sehen, empfinden und damit umgehen möchtest. Auch mitten aus dem Schmerz heraus kannst du dies tun. Nimm deine Gefühle an, wie sie sind. Begrüße deine Wahrnehmungen und frage sie, was du für sie tun kannst und wie dein Einsatz aussehen könnte.

Hier erläutere ich dir einmal das Ganze an einem Beispiel:

- Du bist also in einem Feld leidvoller Wahrnehmungen, zum Beispiel schrecklicher Visionen, gefühlter Traurigkeit oder unheimlicher Klänge, und fühlst dich an Leib und Seele schlecht. Sag Ja dazu. Wisse, dass dein Einsatz gebraucht wird und du bereit dafür bist. Sei offen dafür, eine gewisse Freude in dir entstehen zu lassen, dass du jetzt etwas tun kannst, um deinem Seelenauftrag mithilfe deiner medialen Gaben zu folgen.

- Frage zunächst deine Seele, inwieweit deine Wahrnehmungen mit dir zu tun haben. Der Wortlaut könnte sein: „Hat das, was ich wahrnehme, mit mir zu tun? Geht das von mir aus? Wenn ja, in welchem Ausmaß und Umfang?“
- Deine Seele antwortet dir mit einem Gefühl, einem Wissen, einer konkreten Antwort. Meistens wirst du die Antwort bekommen, dass du in einem fremden Feld bist, aber natürlich auch über deine eigenen leidvollen Erfahrungen eigene Anteile mit einbringst.
- Dann frage deine Seele, ob es in diesem Fall wichtig ist, zu erfahren, wo die Ursache deiner Wahrnehmungen liegt, und ob es Sinn macht, das konkrete Feld des Leids zu kennen. Frage: Ist es wichtig zu wissen, was und welche Situation meine Wahrnehmung ausgelöst hat? Und woher das leidvolle Feld stammt?
- Nimm deine Wahrnehmungen an. Sag: „Danke, ihr leidvollen Gefühle und Empfindungen, dass ihr euch zeigt. Ihr habt mir etwas mitzuteilen. Ich bin bereit, zuzuhören und in Aktion zu treten.“
- Frag nun deine Wahrnehmungen: „Was kann ich tun? Was soll ich erkennen? Wo soll ich helfen? Wie soll ich helfen?“
- Warte geduldig auf die Antworten in dir. Eine Antwort kann sein, dass du gebeten wirst, einfach in dieses, dir nicht bekannte Feld des Leids Heilkraft zu senden. Oder du bekommst konkrete Hinweise, zum Beispiel, dass du dir die aktuellen Nachrichten anhören oder ansehen sollst, weil es wichtig ist, die Quelle deiner Wahrnehmungen zu kennen, damit du konkret im Einsatz sein kannst. Nimm dir die Nachrichten ganz bewusst vor und sei dabei offen. Bei welchem Geschehen auf der Welt macht es in dir „Bingo“?

Dann weißt du, dass du genau mit diesem Feld des Leids in Resonanz bist. Frage nun, was du konkret für dieses Feld tun kannst.

- Falls dein Einsatz innerhalb der Familie, im Freundeskreis oder im Arbeitsumfeld benötigt wird, frage konkret die dazugehörigen Menschen, ob es einem von ihnen gerade schlecht geht. Diese Frage kannst du den Seelen der Betroffenen stellen. Eventuell kontaktiere ich die Menschen persönlich. Ich schicke dann immer eine WhatsApp herum und frage, ob es allen gut geht. Denn manchmal erhalte ich auf der Seelenebene keine Antwort, aber den Hinweis, dass ich mich an die Familienmitglieder oder den Freundeskreis wenden soll. Oder an meine Patientinnen.
- Erlaube dir, Geduld mit dir und deinen Antworten zu haben. Manches offenbart sich ganz schnell und konkret. Für manches benötigt es etwas Zeit. Die Antworten kommen dann Schritt für Schritt.
- Wenn gar keine Antworten kommen, musst du nichts Zusätzliches wissen. In diesem Fall nimm alles so an, wie es ist, und versende einfach deine Heilkraft ins gesamte Universum. Irgendwo und irgendwie wird dein Einsatz gebraucht, aber du weißt nicht, wo und weshalb. Verströme deine Liebe im Vertrauen, dass sie vom Göttlichen richtig geleitet wird.
- Vertraue deiner Seele voll und ganz. Wenn du eine ungewöhnliche Antwort bekommst, dann folge ihr. So kann es sein, dass deine Seele dich bittet, ein besonderes Gebet zu sprechen, ein Ritual auszuführen, zu räuchern oder eine Kerze anzuzünden. Oder ganz konkret in Aktion zu treten mit einem Anruf, einer Mail oder einem Geschenk. Dann nimm dir die Zeit, dieses zu tun. Alles, was in tiefer Liebe

und im Vertrauen auf die göttlichen Wege der Schöpfung getan wird, wird richtig sein für deinen Einsatz und auch für dich selbst.

Der erste Impuls, wenn unangenehme Wahrnehmungen auftreten, ist meistens Abwehr. Es ist ganz normal, wenn du erst einmal genervt reagierst, vielleicht so: „Dieser Mist, das alles hängt mir schon zum Hals heraus." Mache dir bewusst, dass es ganz normal ist, unangenehme Erfahrungen erst einmal abzulehnen. Das ist zutiefst menschlich und keineswegs verachtenswert. Doch dann heißt es, diese Erfahrung als Chance zu nutzen, was von deiner Seite aus eines Quantensprungs in dir selbst bedarf. Sei dir bewusst, dass du die Kraft dazu hast, deiner Seelenaufgabe gerecht zu werden. Dieses Bewusstsein führt dich vom „Nein, ich will nicht", oder „Nein, es nervt mich", hin zum „Ja, ich nehme meine Aufgabe dankbar an und tue, was ich kann. Ich gebe mein Bestes, so gut ich kann."

Perfektionismus ist an dieser Stelle nicht gefragt. Sei einfach bereit, dein Bestes zu geben, so gut du kannst. Mehr verlangt niemand von dir.

Ich weiß, das ist nicht einfach, weil dein Körper dir alle diese unangenehmen Reaktionen aufbürdet, die sich so scheußlich anfühlen und dir all deine Kraft rauben. Mir persönlich gelingt es auch nicht immer, gleich Ja zu sagen und in Aktion zu treten. Zuerst muss ich mit mir selbst klar kommen, um überhaupt einen Funken Kraft zu haben, für das Wohl der Menschheit da zu sein. Ich muss nach mir selbst schauen, um überhaupt tätig werden zu können. Und da liegt oft die Schwierigkeit im menschlichen Alltag. So viel Zeit steht oft leider nicht zur Verfügung, denn nebenher läuft der Alltag ab mit all seinen zu bewältigenden Aufgaben. Die allerwenigsten Menschen leben ganz für sich allein, in ständiger Mediation, weit entfernt von irdischen Belangen und Belastungen. Das bedeutet, sich zuerst einmal den eigenen Ressourcen zuzuwenden und dafür Zeit aufzubringen, um dann in Aktion zum Wohl aller treten zu können.

Diese Zeit steht dir zwar zu, aber du musst sie dir nehmen und gönnen. Sonst verlängert sich deine Leidenszeit, und du kommst nicht dazu, deiner eigentlichen Seelenaufgabe gerecht zu werden.

Das Hauptproblem liegt also nicht nur in der unangenehmen Wahrnehmung, der du ausgesetzt bist, sondern im ganz persönlichen Zeitmanagement des menschlichen Alltags.

Zusammenfassung:

- Entscheide dich, dein Schicksal und deine Bestimmung anzunehmen, in jeder Lebenslage.
- Erkenne, dass es ganz normal ist, wenn du abwehrend reagierst.
- Überwinde die Abneigung gegen deine Seelenaufgabe, sag Ja zu ihr, aber ohne perfektionistischen Anspruch.
- Bemühe dich um ein gutes Zeitmanagement.

☆☆☆

Was du tun kannst, damit du wieder in deine Kraft kommst

Mediale Wahrnehmungen kosten Kraft, weil sie Leib und Seele umfassen und das Energieniveau in dir erst einmal senken. Das heißt: Du fühlst dich nicht wohl. Es geht dir nicht gut. Du bist bedrückt oder fühlst eins zu eins all das Leid, mit dem du gerade verbunden bist. Das ist körperlich, geistig und seelisch anstrengend. Hinzu kommt dein ganz persönlicher Alltag mit all seinen Aufgaben und Herausforderungen, die bewältigt werden wollen.

Jetzt brauchst du erst einmal wieder Kraft, um deinem Seelenauftrag folgen zu können und wieder in deine eigene Schwingung zu gelangen.

Die folgenden Ratschläge sind alle erprobt. Es kann sein, dass du nur den einen oder anderen brauchst, um wieder in deine Mitte zu kommen. Manchmal aber kann es erforderlich sein, gleich mehrere Möglichkeiten zu nutzen. Bedenke, dass du einen Körper hast, der ebenfalls Energie benötigt. Es reicht also nicht, nur mental für dich da zu sein. Gönne deinem Körper sinnliche, lustvolle und wonnevolle Momente, um zu regenerieren.

- **Auf die Bedürfnisse des Körpers achten**

  Dein Körper zeigt dir während einer medialen Erfahrung, dass es ihm nicht gut geht. Lenke deshalb deine Aufmerksamkeit zunächst auf den Körper und frage ihn, was er jetzt am meisten braucht, um neue Kraft zu gewinnen. „Lieber Körper, was kann ich für dich tun? Was brauchst du, um mehr Kraft zu bekommen?" Werde still und höre auf die Antworten deines Körpers, denn es bringt nichts, einfach wahllos alles auszuprobieren, was dein Verstand dir vorschlägt. Dein Körper hat seine eigene Weisheit, und die ist nicht immer gleich. Möchte dein Körper Ruhe? Oder ein heißes Vollbad? Möchte er etwas essen, oder braucht er eine sinnliche Erfahrung des Wohlgefühls wie einen schönen Duft, eine Massage, Bewegung, Entspannung, Meditation? Vielleicht will dein Körper aber auch etwas tun, was dich erdet, zum Beispiel kochen, etwas mit den Händen tun, gärtnern oder basteln, malen, singen, tanzen? Selbst Putzarbeit kann im Einzelfall erwünscht sein, um wieder zu sich zu finden. Oder ein Ausflug in die Stadt? Lebendigkeit spüren, shoppen gehen, spannende und interessante Eindrücke sammeln? Ist aktive oder passive Entspannung angesagt, oder einfach ein kurzes Nickerchen?

Was dem Körper guttut (und natürlich auch der Seele) ist ein Leben, das deinem eigenen Rhythmus entspricht. Wenn du ein Frühaufsteher bist, dann behalte dies bei. Richte dein Leben so ein, dass es zu deinem Bio-Rhythmus passt und einer gewissen Ordnung folgt. Gesunde Ernährung, aber ohne strenge Dogmen, gehört ebenfalls dazu. Lerne, auf die Sprache deines Körpers zu hören. Sprich regelmäßig mit ihm und lausche im Inneren auf seine Antworten. Lerne dich selbst besser kennen und reserviere Zeit für dich allein.

Ich persönlich brauche aufgrund meiner zahlreichen medialen Wahrnehmungen sehr viel Zeit für mich allein. Je älter ich werde, desto mehr Zeit brauche ich für mich, um die Schwingungserhöhung der Erde und meine medialen Wahrnehmungen zu verarbeiten. Ich brauche auch dann meine Zeit für mich, wenn meine Wahrnehmungen voller Glückseligkeit sind, denn dann möchte ich diese Wahrnehmungen genießen und in mir zum Fließen bringen.

- **Austausch mit Gleichgesinnten**

  Das ist einfacher gesagt als getan, denn andere mediale Menschen sind nicht an jeder Ecke zu finden. Meistens leben sie ebenso zurückgezogen wie man selbst. Aber es ist schon ausreichend, überhaupt im Austausch zu sein mit jemandem, der einem am Herzen liegt und bei dem man so sein kann, wie man ist. Wichtig sind dabei Verständnis, Vertrauen, Respekt und ein liebevolles Miteinander. Denn dann tritt man ein – gemeinsam mit dem Gegenüber – in ein achtsames, respektvolles und verständnisvolles Feld. Dort herrscht eine höhere Schwingung vor, die einen wieder mit Energie „auflädt" und die niedrige Schwingung des Leids aufhebt. Liebevolle Menschen, die Anteil nehmen, bei denen ein wirklicher Austausch stattfindet und die auch mal zuhören können, helfen mit, das Feld der Liebe aufrechtzuerhalten. Wenn das auf Gegenseitigkeit beruht, findet man dort eine Quelle der Freude und Erholung.

  Anders sieht es aus, wenn Menschen unachtsam sind und nur von sich erzählen, verständnislos reagieren oder – noch schlimmer – einem zusätzlich Energie rauben oder sich lustig machen über das Sosein des Gegenübers. Das ist bitter und kontraproduktiv. Solche Menschen tun auf Dauer nicht gut. Aus ihrem Feld darf man sich jederzeit lösen.

  Auftanken lässt es sich nur, wenn von beiden Seiten ein Feld der Liebe geschaffen werden kann. Dann ist das Miteinander für beide Seiten erfüllend und bereichernd und schenkt beiden neue Energie.

  Wenn solche Menschen nicht zur Verfügung stehen, dann ist es besser, auf einen Austausch zu verzichten und sich andere Energiequellen zu suchen, wobei man aber auch immer selbstkritisch genug sein sollte, um zu erkennen, ob man selbst das liebevolle Gegenüber ist, das mithilft, ein Feld der Liebe zu kreieren. Oder ob man feststeckt in seiner eigenen Bedürftigkeit und einfach nur Energie haben will. Das – also Energie vom anderen ziehen zu wollen, ohne etwas selbst zu geben – erschafft kein gemeinsames Feld der Liebe und höheren Schwingung, sondern versucht, dem anderen Energie zu rauben. Solch ein Vorgehen – so verständlich es auch sein mag, wenn das Bedürfnis nach „Nahrung" besteht – führt leider nicht zum erhofften Ausgleich und ist in keiner Weise hilfreich. Unterlass bitte solche Aktionen, auch wenn sie verlockend erscheinen. Sie helfen dir nicht, sondern sorgen dafür, dass sich Menschen von dir zurückziehen und nicht mehr für dich da sein wollen und können.

- **In der Natur Kraft tanken**

  Die Schöpfung an sich bietet dir zahlreiche Möglichkeiten, dich zu regenerieren. Im eigenen Garten, im Wald, in Parks oder auf Wiesen und beim Wandern. Dann erfährst du das stille Glück, alles Leid loszulassen und wieder zu neuer Kraft zu finden. Dabei ist es wichtig, ganz im Hier und Jetzt zu sein und in der Stille die Energie zu erleben, die die Natur dir schenkt. Das funktioniert aber nicht, wenn du laut diskutierend mit anderen unterwegs bist und deine Aufmerksamkeit ganz woanders weilt. Nimm dir die Zeit, deine Aufmerksamkeit auf das Erleben und Wahrnehmen der Natur zu lenken. Als medialer Mensch wird dir dann bestimmt auch bewusst werden, dass dir all die Elfen, Feen, Naturgeister und Naturengel begleitend zur Seite stehen. Nicht umsonst drängt es Menschen nun vermehrt in die Natur, um mit Bäumen zu kommunizieren und im Wald regelrecht zu baden. Nutze diese Möglichkeit für dich, um an Leib und Seele zu regenerieren.

- **Lebendigkeit spüren**

  Zeitweise kann es, um Kraft zu tanken, wichtig sein, nicht den Weg der Stille zu suchen, sondern Anregung zu finden, sei es beim Bummeln in der Stadt, auf einem Konzert, bei einem Vortrag oder einem anderen Event. Die Rahmenbedingungen sollten aber so sein, dass du optimal Energie schöpfen kannst. Menschen, die gelernt haben, auf ihre innere Stimme, ihre Empfindungen und Wahrnehmungen zu achten, wissen, wie und wann sie Lebendigkeit brauchen, um sich selbst wieder lebendig zu fühlen.

- **In die höchste Energie eintauchen**

  Erinnere dich stets an deine Gabe, mit der Geistigen Welt bewusst verbunden zu sein. Dort findest du die größte und schönste = höchste Quelle an Energie. Indem du dich geistig in diese hohe Schwingungsfrequenz begibst, zum Beispiel innerhalb einer Meditation, wirst du Liebe und Fülle finden. Auf der Ebene der Schutzengel findest du Trost und Liebe. Im hellen und klaren Licht der göttlichen Schöpfung findest du Annahme, Liebe und Heilung für dich selbst. Alle deine Sorgen verschwinden, wenn du dich einfühlst und dir vorstellst, in dieser Ebene wieder Kraft zu tanken. Du erfrischt dich und bist bereit, den Ruf der Seele zu hören und deiner Lebensaufgabe zu folgen. Stell dir dabei vor, mit einem Aufzug ganz nach oben zu den Engeln zu fahren. Bitte liebevolle Engelenergien, dich zu erfüllen und dich fühlen zu lassen, wie wunderbar nährend die hochschwingende Energie der Geistigen Welt sein kann. Denke an göttliche Liebe, lade sie zu dir ein, fühle und spüre sie und bitte sie, deine Schwingungsfrequenz so zu erhöhen, dass du wieder ganz in der göttlichen höchsten Liebe schwingen kannst.

- **Selbst zum Schöpfer werden**

  Was dir stets sehr viel Kraft, Energie und Freude verleihen wird, ist eng mit deiner eigenen Schöpferkraft verbunden. Welches Tun macht dir besondere Freude? Was kannst du mit deinen Händen erschaffen? Wo liegen deine handwerklichen Talente? Kreativität jeglicher Art erlöst dich von deinem Feld des Leids und lässt dich eintreten in die fröhliche Schwingung der Freude und Schaffenskraft. Du musst dazu kein Künstler sein, sondern einfach deiner Freude folgen.

  Ich persönlich erhole mich regelrecht beim Schreiben. Das schöpferische Schreiben erlöst mich sehr oft aus dem Leid meiner medialen Wahrnehmungen. Ich setze mich dann einfach an meinen Laptop und beginne zu schreiben. In mir ist alles offen, bereit, das anzunehmen, was ist, und es in Worten zum Ausdruck zu bringen. Auf diese Weise verarbeite ich alles, was mich belastet, mein irdisches Leid, wie auch mein medial wahrgenommenes Leid. Musik und Tanz folgen dann gleich darauf. Eine gute Musik, ein cooler Song – all das ist für mich wie Therapie und hilft mir aus der niedrigen Schwingung des Leids heraus.

  Finde deshalb heraus, welche Schwingungen im Irdischen für dich in dem besagten Augenblick hilfreich sein können: Licht- und Klangschwingungen, der Umgang mit Farben und Formen, das Erschaffen von neuen Dingen, von Essbarem, von Verwertbarem und Brauchbarem, sowie von allem, was Freude macht. Das alles erhellt dein Gemüt und bringt dich heraus aus allzu leidvollen medialen Wahrnehmungen.

Zusammenfassung:

- Du kannst dir selbst helfen, um wieder genug Energie zu gewinnen. Niemals bist du dem Leben machtlos ausgeliefert.
- Probiere aus, was dir im Augenblick am besten hilft, um Energie zu gewinnen.

☆☆☆

Der mediale Kommunikationskontakt

Beim medialen Kommunikationskontakt geht es darum, einen sinnvollen, hilfreichen, liebevollen, tröstenden und informativen Kontakt zwischen dir als Medium und einer Wesenheit aus dem feinstofflichen Bereich aufzubauen. Das kann ein Engel, eine Fee, ein Lichtwesen, ein Drache, ein Einhorn, ein Krafttier oder eine unbekannte Liebesenergie sein, oder die Seele eines Verstorbenen.

Kommunikationskontakte haben meistens zum Ziel, eine Botschaft zu erhalten (per Channeling zum Beispiel). Antworten kommen als Gefühl, als Wissen, als Vision, als Zeichen, als Hinweis, als Sprachnachricht, als Geruch oder Geschmack oder als erlebbares Event.

Doch Achtung: Kommunikationskontakte können süchtig und abhängig machen!

Dann sehnen sich die Menschen danach, der irdischen Welt zu entfliehen. Sie fühlen sich wohl in der liebevollen, klaren, reinen, tröstenden, erhebenden, ekstatischen, versöhnenden, bezaubernden, inspirierenden Energie der feinstofflichen Ebene, der Geistigen Welt.

Dieses Gefühl der Sehnsucht, das süchtig macht und hilft, der irdischen Schwere zu entfliehen, kann dich als Medium treffen, sowie all jene, die zu dir kommen, um durch dich Zugang zur Geistigen Welt zu erhalten.

Und natürlich ist es verlockend, ein Medium zu besuchen, wenn man um einen geliebten Menschen trauert, der gerade gestorben ist. Man möchte unbedingt die Verbundenheit noch einmal erleben, Zeichen bekommen und mit dem Verstorbenen kommunizieren. Den meisten Menschen reicht dann dieser eine Kontakt. Sie können nun in Frieden loslassen und ihren eigenen Weg beschreiten. Doch das Suchtpotenzial ist immer latent vorhanden. Dann kann der Mensch nicht loslassen und sucht ständig aufs Neue die geistige Ebene auf.

Das gilt vor allem bei Kontakten mit Engeln, Lichtwesen, Geistführern und erleuchteten Wesenheiten, die „angeblich" schlauer, weiser, lichtvoller, wissender und vorbildhafter sind als jede menschliche Seele. Und genau dieser Trugschluss führt dann in die Abhängigkeit.

Ich habe schon Menschen erlebt, die ohne eine Botschaft der Engel nicht das Haus verlassen konnten, die jede Entscheidung in ihrem Leben erst von einem Geistführer gechannelt haben wollten, und die sich selbst erniedrigt haben, weil sie nur an das Wissen geistiger Wesen glaubten und nicht an ihre eigene schöpferische Macht. Sie haben die Geistige Welt über die irdische gestellt, und das ist ein gravierender Denkfehler, denn es gibt keine Hierarchien innerhalb jeglicher Daseinsformen. Die Geistige Welt ist nicht „besser", „weiser", „klüger". Sie ist einfach anders, eben feinstofflich. Und du bist als lebendiger Mensch gewissen Beschränkungen, irdischen dualen Zuständen, unterworfen. Deine Seele aber und dein geistiges Bewusstsein sind nichts anderes als reine Liebesenergie. Es gibt nichts Besseres oder Schlechteres, Höheres oder Niedrigeres. Alles ist gleich. Alles ist eins. Auch wenn der Mensch das innerhalb der dualen Zustände nicht so erlebt und meint, dass es Hierarchien gibt.

Es macht keinen Sinn, die Geistige Welt auf einen Sockel zu stellen und die irdische Welt, allen voran sich selbst, klein zu machen und zu erniedrigen. Auch innerhalb der Geistigen Welt gibt es keine Hierarchien. Der Mensch erschafft ein hierarchisches Denkgebilde, um sich die Welten und Ebenen besser erklären zu können. Das sind aber ausschließlich Gedanken des menschlichen Gehirns. Auch der Begriff „Schwingungserhöhung“ hat nichts mit einer menschlich suggerierten „Verbesserung“ zu tun. Schwingungserhöhung heißt, dass sich die Parameter verändern, aber sie sind weder besser, noch schlechter.

Es fällt oft sehr schwer, diese etablierten Denkmuster gänzlich hinter sich zu lassen und die eigene unendliche Kraft in sich selbst zu erkennen: das Einssein mit Allem-was-ist. Es ist das menschliche Erleben, das diese Unterschiede macht und die Einteilung in Hierarchien, in ein „Besser“ und ein „Schlechter“ kennt. Deutlich sicht- und erlebbar ist das auch im Hinblick auf feinstoffliche Angriffe aus der Geistigen Welt, die als böse Angriffe beschrieben werden und im Irdischen eben auch negative Auswirkungen mit sich bringen. Dass aber auch diese „böse handelnden“ Wesenheiten Ausdruck einer einheitlichen Liebesschwingung sind, ist schwer zu begreifen.

Als Autorin gelingt es mir auch nicht immer, neutrale Worte zu verwenden. Wenn du also liest, dass es sich um „niedrigschwingende Energien“ handelt, bedeutet das zwar einerseits, dass diese Energien negativ auf den Menschen wirken, aber andererseits im Grunde nicht besser oder schlechter sind als alle anderen Energien. Und diese unkorrekte Darstellung resultiert aus dem Dilemma, eine Erklärung zu suchen, die einerseits jenseits des Irdischen liegen soll, andererseits direkt im Irdischen wirkt und somit der Dualität unterliegt.

So werden meine Formulierungen immer ein wenig sperrig sein. Es geht nicht anders.

Während einer medialen Kommunikation im irdischen Kontext wird immer vermieden, mit niedrigschwingenden Wesen in Kontakt zu treten. Der Mensch wünscht sich eine hochschwingende Sphäre, die leiblich und seelisch erhebend wirkt. Entsprechend habe ich noch nie erlebt, dass jemand bewusst mit Dämonen oder anderen, negativ definierten Wesen Kontakt haben möchte. Alle möchten mit der Engelwelt oder mit geistig hochschwingenden Wesen Kontakt haben.

Doch wer die Geistige Welt zum Guru macht und ohne diesen Beistand nicht mehr leben kann, ist süchtig und krank!

Es ist wichtig, sich diese Tatsache einzugestehen und entsprechende Entzugsmaßnahmen zu unternehmen.

Der Grat zwischen liebevoller Kommunikation auf Augenhöhe und Selbstentwertung ist sehr schmal. Gechanneltes Wissen ist nicht der Weisheit letzter Schluss. Mich gruselt es stets, wenn ich Channeltexte lese, die sich wie dogmatische Belehrungen lesen, als ob der Mensch unwissend, klein, bedürftig und minderbemittelt wäre. Und die dann auch noch einen starren, unflexiblen Allwissenheitsanspruch verbreiten.

Eine gesunde, erfüllende mediale Kommunikation sieht so aus, dass der Kontakt auf Augenhöhe stattfindet und ein Gefühl von Frieden, Harmonie, Liebe und Erfüllung schenkt. Ratschläge aus der Geistigen Welt sind immer nur Möglichkeiten und Optionen. Sie sind Hinweise, die dir trotzdem weiterhin die Wahl lassen und in dir Impulse zur Selbsthilfe entfachen. Niemals sind sie Befehle, oberlehrerhafte Bevormundung oder gar Drohung.

Die Geistige Welt wird den freien Willen des Menschen respektieren und achten, und es gibt nur eine einzige Ausnahme, nämlich dann, wenn akute Lebensgefahr droht und deine Zeit, in die Geistige Welt zurückzukehren, noch nicht gekommen ist. Dann wirst du vehement gewarnt oder von deiner aktuellen Tätigkeit oder deinem Vorhaben abgehalten. Aber nur dann!

Ansonsten steht dir die Geistige Welt immer mit Liebe und

Heilkraft zur Seite. Engel begleiten und beschützen dich. Lichtwesen machen dein Herz leicht und nehmen dir den irdischen Schmerz. Doch zu deiner Lernaufgabe im Leben gehört es, dich mit den irdischen Gegebenheiten positiv und aus eigener Kraft auseinanderzusetzen. Die Geistige Welt ist nicht dazu da, damit wir zu Lebzeiten zu ihr zu fliehen und nach geistigen Kontakten süchtig werden.

Doch die Gefahr besteht, und zwar für dich selbst, sowie für deine Klienten. Und es gibt immer wieder mediale Berater, die sofort merken, dass ihre Klienten süchtig sind und dieses für ihre eigenen Zwecke nutzen und den Klienten das Geld aus der Tasche ziehen.

Als medialer Mensch, der vor allem seine Präferenzen innerhalb der medialen Kommunikation hat, bist du aufgefordert, mit Kontakten zur Geistigen Welt sorgfältig, achtsam und verantwortungsbewusst umzugehen, zu deinem eigenen Wohl und, vor allem, zum Wohl aller!

Solltest du merken, dass du nur noch innerhalb dieser geistigen Sphären weilst oder versucht bist, dich ständig dorthin zu begeben, sei es innerhalb der Meditation oder einer anderen spirituellen Praktik, dann werde dir dessen bewusst und achte darauf, dass du nicht den Boden unter den Füßen verlierst. Erde dich! Gehe irdischen Vergnügungen nach. Wende dich dem Leben zu. Widme dich deinen Alltagstätigkeiten. Kümmere dich um menschliche und irdische Kontakte. Lebe nicht mehr nur im Rückzug und innerhalb der Geistigen Welt. Stell dich den irdischen Herausforderungen, auch wenn sie noch so unbequem und langweilig oder gar anstrengend erscheinen.

Nur du allein kannst diese Entscheidung fällen. Geh also maßvoll mit deinen medialen Kommunikationskontakten um.

Und frage dich stets, warum du jetzt ausgerechnet mit der Geistigen Welt kommunizieren willst. Hinterfrage deine Intention. Werde dir über deine innere Haltung und deine Erwartungen klar.

Möchtest du den Kontakt, weil du einfach nicht mehr weiterweißt? Oder weil du dich nicht entscheiden kannst? Weil du Hilfe, Trost und Fürsorge brauchst? Oder weil du dringend Heilkraft benötigst? Oder willst du einfach nur diese wunderbare Liebe spüren, die die Geistige Welt dir schenken kann? Fühlst du dich bedürftig und möchtest, dass dich die Geistige Welt erfüllt? Wünschst du dir ein Wunder im Leben? Oder einfach nur jemanden zum Reden, um der Einsamkeit zu entfliehen? Oder aus Spaß und Freude? Einfach so?

Je klarer du dir bist, was deine Intention ist, desto wirkungsvoller wird deine mediale Kommunikation sein. Das gilt natürlich auch für die Intention deiner Klienten. Finde heraus, warum dieser Mensch bei dir Hilfe sucht. Was ist sein Anliegen? Möchte er, dass die Geistige Welt ihm alle Entscheidungen abnimmt? Oder sucht er Impulse und Hinweise, die zwar richtungsweisend sind, aber die Verantwortung beim Klienten lassen? Möchte er Trost und Zuwendung? Oder will er, dass ihm jemand sagt, was er zu tun und zu lassen hat?

Sei achtsam und seriös. Lass dich nicht in Versuchung führen, dem Klienten fertige Wege zu zeigen, sondern stärke ihn, selbst aktiv zu werden und eigene Entscheidungen zu treffen.

Zusammenfassung:

- Sei selbstkritisch genug, um dir über deine Intention klar zu werden, warum du den Kontakt zur Geistigen Welt suchst.
- Erkenne, falls du abhängig von der geistigen Betreuung werden solltest und deinen freien Willen abgibst.
- Erkenne, falls du dich vom irdischen Leben abwendest, um ins Geistige zu fliehen und den Anstrengungen des Lebens zu entkommen.

☆☆☆

Mediale Beratungen

Kommen wir nun zu einer deiner Lebensaufgaben und warum du fähig bist, mediale Wahrnehmungen zu empfangen. Es hat einen Grund, warum du so bist, wie du bist, und warum du berufen bist, dies alles wahrzunehmen. Deine medialen Wahrnehmungen dienen nie nur dir allein und deinem Vergnügen, und sie sind auch nicht dazu da, dich am Leid anderer zu bereichern und ihnen das Geld aus der Tasche zu ziehen.

Es gibt zahlreiche, medial veranlagte Menschen, die ihrer Lebensaufgabe in aller Stille folgen. Sobald sie mit einem Feld verbunden sind, das Heilkraft benötigt, erfüllen sie ihre Aufgabe mit Freude und Begeisterung. Es sind keine anderen Menschen involviert, es finden auch keine Beratung statt. Diese Tatsache trifft vor allem auf empathische Kontakte zu.

Mir persönlich geht es zum Teil auch so. Ein Großteil meines Einsatzes findet statt, ohne dass ich andere Menschen medial berate. Es ist ein großes Geschenk für mich, in aller Stille und Ruhe wirken zu können. Es gibt für diese Arbeit keinen Lohn und keine Anerkennung, außer der eigenen Freude, zu wissen, dass man seiner Lebensaufgabe folgen kann. Und da ich als Autorin darüber schreiben kann, folgt meine Medialität eben auch diesem Weg. Während ich mit dem Schreiben von Büchern Geld verdiene, findet meine stille Heilarbeit für den Lohn der seelischen Erfüllung und Freude statt, was mich auf meinem Seelenweg unermesslich reich macht.

Es gibt allerdings noch eine andere Arbeit für mich, die ich mir honorieren lasse und die ab und zu stattfindet. Da meine Gabe zu spüren über den Körper und vor allem auch über meine Hände geht, kann ich mit meinen Händen beim Handauflegen genau fühlen, wo Blockaden sitzen, wo die Energie nicht fließt, oder wo konkrete körperliche Beschwerden auftreten. Während meiner Heilmassagen kann ich dann für Harmonie im Energiefluss des Klienten sorgen. Fast immer nehme ich während der Heilbehandlung die körperlichen Beschwerden des Klienten eins zu eins im eigenen Körper wahr – eben typisch für empathisch-mediale Menschen. Da diese Art der medialen Behandlung zwar erfüllend, mitunter aber auch anstrengend ist und mich im Einzelfall auch ziemlich erschöpft, achte ich darauf, mich nicht zu überfordern.

Ich sehe diese Lebensaufgabe vornehmlich als Dienst an der Schöpfung, biete meine Dienste aber nur dann an, wenn ich selbst gesund, kraftvoll, in Harmonie mit mir selbst bin und in den Ebenen der Liebe schwinge. Alles andere würde das Energieniveau herunterziehen und eventuell sogar kontraproduktiv wirken.

Ist ein Heiler oder Berater nicht in seiner Kraft, sollte er unbedingt pausieren und für sich selbst sorgen, sonst kann es sein, dass er während der Behandlung seine eigenen Beschwerden und seinen Lebensfrust dem ahnungslosen Klienten überträgt. Da ich dieses als Klientin selbst schon ein paar Mal erlebt und mich nach der Behandlung schlechter als zuvor gefühlt habe, bin ich extrem vorsichtig, wen ich aufsuche. Allerdings ist es nicht immer möglich, solch einem Umkehrprozess – bei dem der Klient unfreiwillig zum Heiler wird – zu entgehen.

Deshalb rufe ich alle Heiler, Berater und Therapeuten auf, nur im Feld der Harmonie, der Liebe, der Kraft und der Stärke zu praktizieren.

Wer andere Menschen aktiv berät, behandelt oder therapiert, trägt eine große Verantwortung.

Wenn du also andere Menschen medial begleitest, weil du tief in dir spürst, dass dies deiner Lebensaufgabe entspricht, dann tue dies achtsam und voller Liebe. Tue es mit göttlicher Liebe in dir und der Intention, diesem Menschen in Liebe beizustehen und ihn auf seinem Weg zu begleiten. Deine Beratung sollte Mut machen und Kraft verleihen. Sie sollte so liebevoll sein, dass der leidgeprüfte Mensch Erholung und Erleichterung erfährt und Kraft tanken kann, um sich selbst zu helfen.

Dein Ego sollte während einer medialen Beratung oder Behandlung komplett außen vor sein. Sobald du merkst, dass du dem anderen etwas aufdrängen oder ihm beweisen willst, was du alles kannst, bist du auf dem Holzweg. Du musst deinem Klienten auch nicht nach dem Mund reden oder versuchen, ihm zu gefallen. Möchte dein Klient von dir konkrete Vorschläge, was zu tun ist, dann lehne ab. Das ist nicht deine Aufgabe und nimmt deinem Klienten die Macht, selbst über sein Leben zu entscheiden. So ein Verhalten ist dann nicht nur kontraproduktiv, sondern auch für deinen Klienten äußerst schwächend. Er wird in eine Opferrolle gebracht und verliert seine Kraft, fühlt sich hilflos und wird unter Umständen sogar von den Ratschlägen der Geistigen Welt abhängig.

Dein Ziel als seriöser medialer Berater sollte immer sein, deinen Klienten in seiner Macht als eigenständiger Mensch zu stärken, der selbst Entscheidungen trifft und dann auch die Konsequenzen dafür trägt. Etwas anderes gibt es nämlich innerhalb unserer irdischen Parameter nicht. Der Mensch trifft Entscheidungen und trägt die Konsequenzen. Ob diese Konsequenzen dann positiv oder weniger positiv sind, kann niemand vorhersagen. Denn jede Entscheidung trägt in sich immer positive wie negative Resultate und gehört zum Erfahrungsbereich der menschlichen Entwicklung. Niemand kann sich vor den negativen Folgen einer Entscheidung drücken.

Es ist ein Trugschluss zu glauben, eine mediale Beratung würde helfen, negative Folgen und Auswirkungen einer Entscheidung zu vermeiden. Mediale Beratungen können zwar viele wunderbare Möglichkeiten aufzeigen, aber es wird immer beide Seiten im Leben geben, und zwar bei jeder Entscheidung. Keine Entscheidung ist immer nur positiv. Das deinem Klienten liebevoll klarzumachen, gehört zu deiner Aufgabe als medialer Berater.

Sei deshalb äußerst liebevoll zu dem Menschen, der bei dir ist, und verschenke deine Gabe in tiefer Liebe und tiefem Respekt. Vor allem aber werde dir deiner eigenen Absicht bewusst. Sobald du dich dabei ertappst, dass deine Hauptintention das Geldverdienen ist, betrittst du ein niedrigschwingendes Feld irdischer Bedürfnisse.

Bei vielen Beratern spürt man die Bedürftigkeit. Sie lechzen nach Anerkennung und vor allem danach, mit Hilfe der medialen Tätigkeit ihre materiellen Bedürfnisse zu decken. Manche von ihnen leben am Existenzminimum und versuchen, alles herauszuholen, was geht. Es ist ihnen nicht mehr möglich, im fließenden Feld höchster göttlicher Liebe zu sein, weil sie an nichts anderes denken können als an die ausstehende Miete und andere irdische Forderungen. In diesem Spannungsfeld ist eine Beratung voller Liebe und Hinwendung nicht mehr möglich.

Befreie dich aus diesem Spannungsfeld, indem du dir für deinen Lebensunterhalt eine Arbeit besorgst, die dich ernähren kann. Sei dir gewiss, dass du zahlreiche Gaben in die Welt bringst, nicht nur die Gabe der Medialität. Deine anderen Gaben und Kompetenzen werden dich dorthin führen, wo du ausreichend Vergütung findest. Und sei es, dass dich der Staat ernährt, weil sonst keine andere Möglichkeit besteht. So entkoppelst du dich von dem Druck, mit spiritueller Arbeit um jeden Preis Geld verdienen zu müssen.

Dann kannst du dich unbeschwert einschwingen in das göttliche Feld der bedingungslosen Liebe und von dort direkt liebend für deine Patienten und Klienten da sein.

Für deinen direkten Einsatz kannst du gerne etwas verlangen. Es sollte eine Summe sein, die dir angemessen erscheint und die der andere aufbringen kann. Dieses Honorar ist der Dank für deinen zeitlichen Einsatz und dein liebendes Dasein für den anderen. Du verschenkst dich selbst. Der andere bedankt sich dann mit einem Gegenwert. Das kann auch eine andere Dienstleistung sein. Überprüfe stets aufs Neue, ob du unabhängig vom Honorar für jemanden da sein kannst, der deine Gabe benötigt. Sobald du merkst, dass du von der liebenden Energie in den Gedanken des Geldverdienens oder in die Sucht nach Anerkennung kommst, ziehe innerlich die Reißleine. Richte dich konsequent und nachhaltig auf das Energiefeld der wahren, aufrichtigen, göttlichen Liebe und Heilkraft aus. Dann ist es richtig. Dann kann höchste Liebesenergie aus dir herausfließen, ohne dich zu schwächen.

Sei dir bewusst, dass Menschen, die deinen Beistand benötigen, oft schon sehr geplagt sind, meistens auch finanziell, weil sie private Arzttermine, Medikamente, Beratungen und andere Therapien und therapeutische Maßnahmen selbst zahlen müssen. Deshalb sei in deinen Honoraransprüchen fair und angemessen. Dein Selbstwert hängt nie von Honorarsummen ab, auch wenn dir die kommerzielle Maschinerie der spirituellen Heilkünste das suggerieren will.

Fließende Heilkraft, die aus dir strömt, energetisiert dich selbst. Sie raubt dir niemals Kraft, sondern wird auch für dich zur Quelle göttlicher Inspiration und Nahrung. Doch sobald du in ein niedrigeres Energiefeld („Ich muss Geld verdienen" oder „Ich will endlich mit meiner Arbeit gesehen werden" oder „Was nichts kostet, ist nichts wert") rutschst, strengt dich dein Einsatz an. Er hinterlässt dann bei dir kein Gefühl der Freude, Gnade und Fülle, sondern der Kraftlosigkeit und vielleicht sogar der Enttäuschung.

Jede Beratung, die dem Weg des Herzens und der göttlichen Liebe folgt, wird intensiv und erfolgreich sein, dem Gegenüber guttun und ihm wirklichen Beistand liefern.

Wenn du allerdings an Klienten kommst, die dich ausnutzen wollen, weil ihr Ego ihnen suggeriert, dass sie bei dir möglichst viel Leistung für wenig Geld bekommen, so hast du das gute Recht, konsequent zu handeln. Menschen, die distanzlos sind, dich telefonisch überfallen und möglichst jederzeit umsonst deine Dienste einfordern, kannst du in aller Ruhe abweisen. Du wirst dann erleben, dass sie sich nicht mehr melden werden, weil sie nicht bereit sind, deine Würde zu achten und achtsam mit dir umzugehen.

Achtsamkeit gilt immer für alle! Für jegliches Medium; für jeglichen Klienten; für jeglichen Patienten.

Vielleicht wunderst du dich an dieser Stelle, dass ich so viel Wert auf Selbstlosigkeit lege und die Diskussion über das Geldverdienen mit der Gabe der Medialität verknüpfe. Leider habe ich im Laufe meines Lebens etliche Berater jeglicher Art kennengelernt, die so verzweifelt waren, mit ihrer Gabe Geld verdienen zu müssen, dass einzig diese Bedürftigkeit im Vordergrund spürbar war.

Als hellfühlendes Medium konnte ich sie alle schon von weitem spüren und riechen. Ja, ich kann solche Menschen riechen, denen die Existenzangst aus allen Poren fließt. Sie stehen extrem unter Druck und handeln nicht mehr im göttlichen Feld der fließenden Liebe. Mir kroch dann schon ein unangenehmes Gefühl den Rücken herunter, sodass ich schnell das Weite suchte.

Das Problem bei solchen Beratern ist, dass ihr Ego erzwingen will, mit dieser Gabe Geld zu verdienen, und das sind die allerschlechtesten Voraussetzungen. Beratende und behandelnde Medialität sollte einfach nur Freude bereiten und dieses einzigartige Gefühl schenken, jemandem mit der Beratung zur Seite stehen zu können. Das ist das größte Geschenk: Trost zu vermitteln, Hinweise zu geben, Impulse zu setzen und liebende Heilkraft zu verbreiten, um den Klienten in seiner Entwicklung weiterzubringen, ihm etwas Gutes zu tun, ihm Verständnis und konkrete Hilfe entgegenzubringen.

Mediale Beratungen sind immer ein Akt reinster Humanität, Nächstenliebe und Fürsorge. Und es gibt nichts, was ein Medium mehr erfüllt, als zu erleben, wie sich beim Klienten Ängste, Sorgen, Unwohlsein, Schmerzen, Befürchtungen usw. lindern lassen oder nach einer solchen Beratung sogar ganz auflösen.

Mediale Beratungen sind etwas sehr Intimes, Heikles und Sensibles. Sie dürfen den Klienten nicht entmündigen, ihm keine Schuldgefühle einimpfen, nicht drohen, nicht erschrecken, nicht verwarnen oder anklagen. Sie müssen voller Feingefühl und Behutsamkeit genau den Nerv treffen, den der Klient jetzt benötigt, um selbst wieder klar sehen zu können und eigene Entscheidungen zu treffen.

Mediale Beratungen sind Hilfe zur Selbsthilfe.

Aus diesem Grunde empfehle ich jedem, der sich berufen fühlt, mediale Beratungen und Behandlungen anzubieten, sich weiterzubilden zu den Themen „Interaktion und Kommunikation zwischen Berater und Klient“, „Gesprächsführung“ und „Coaching“.

Ein medialer Berater muss es verstehen, ganz behutsam zu motivieren, und im Klienten ein Gefühl von Zufriedenheit hinterlassen. Leider gibt es hier keine berufliche Qualifikation, das heißt: Jeder, der sich zum medialen Berater berufen fühlt, kann seine Dienste anbieten, auch wenn er keinerlei psychologische Grundkenntnisse besitzt und im Umgang mit Menschen, die sich in einer schmerzhaften Lebenskrise befinden, nicht geschult ist.

Denn fast immer sind es Menschen in leidgeprüften Umständen, die eine mediale Beratung oder Behandlung in Anspruch nehmen. Sie sind meistens verzweifelt, krank, hoffnungslos, enttäuscht und frustriert, und kämpfen mit massiven Herausforderungen im Leben.

Und obwohl Menschen mit einer medialen Begabung überwiegend empathisch und hochsensibel sind, können sie mit derart massiven Lebenskrisen eines Klienten überfordert sein.

Überlege dir deshalb gut, ob du wirklich mediale Beratungen und/oder Behandlungen anbieten möchtest, und entkoppele diese von deinen Finanzen. Mediale Beratungen sind nicht zum Geldverdienen da. Solltest du von deinen Beratungen leben können, so ist das ein wundervolles Geschenk. Die meisten können es nicht. Deshalb suche dir einen Beruf, der einer deiner anderen Gaben entspricht.

Außerdem werde dir bewusst, was für eine große Verantwortung es ist, überhaupt mediale Beratungen anzubieten, denn wenn du nicht absolut präsent, klar und diplomatisch bist, dann schwächst du deinen Klienten. Die Worte, die du deinem Klienten präsentierst – auch wenn sie von einer geistigen Wesenheit übermittelt werden – wirken in deinem Klienten. Für ihn sind deine Worte Wahrheit, wenn er kein Skeptiker ist und dich sowieso nur auf die Probe stellen will.

Jedes deiner Worte wird Wurzeln schlagen, und dann kannst du nicht behaupten, es wären gar nicht deine Worte gewesen, sondern die der Wesenheit „X". Du bist verantwortlich für alles, was du von dir gibst.

Deshalb bin ich der Meinung, dass du niemals zu deinem Klienten etwas sagst, das ihn schwächen könnte. Gib keine negativen Prognosen ab. Erzähle nichts von Krisen und Krankheiten, von schlimmen Zeiten und anstrengenden Phasen. Solchen anstrengenden Zeiten entgeht sowieso kein Mensch. Verstärke deshalb diese Energie nicht, sondern wende dich positiven Hinweisen zu. Stärke deinen Klienten, stärke seine Gaben, stärke sein Selbstvertrauen! Hilf mit, deinen Klienten stark und stabil zu machen, ihn zu motivieren, selbst in die Kraft zu kommen und eigene Entscheidungen zu fällen. Dann bist du ein guter medialer Berater.

Zusammenfassung:

- Entkoppele deine medialen Gaben von deinen Finanzen, damit du achtsam und liebevoll deine Gabe anbieten kannst, denn sonst schwächst du dich selbst und trittst ein in ein niedrigschwingendes Energiefeld.
- Gehe achtsam mit dir selbst und deinen Klienten und Patienten um.

Eine mediale Sitzung halten

Es liegt ganz bei dir, wie du deine medialen Beratungen anbietest und strukturierst. Lass dein Herz entscheiden, wo du deine Beratungen anbieten möchtest, ob du mit einzelnen Klienten arbeitest oder Gruppensitzungen anbietest, wie deine Preisgestaltung aussieht, und wie du Werbung für dich machst.

Wenn ein Klient sich bei dir wohlfühlen soll, wäre es ratsam, die Sitzung nicht gerade im Keller, einer zugigen Ecke oder an einem anderen ungemütlichen Platz abzuhalten. Es sollte ein Raum oder ein Platz sein, an dem du und dein Klient entspannt miteinander kommunizieren könnt, sodass ihr beide euch wohlfühlt und Entspannung und Erholung möglich sind. Eine entsprechende Raumtemperatur ist ebenfalls von Vorteil, sowie ein liebevoll bereiteter Tee oder ein wenig Gebäck. Medialität kann also jederzeit mit einer gemütlichen Wohlfühlatmosphäre gekoppelt sein.

Erschaffe für die Sitzung ein Feld der Gemütlichkeit, sodass es deinem Klienten leichter fällt, seine Probleme und Sorgen fallenzulassen und sich zu regenerieren.

Im Familien- und Freundeskreis kannst du deine Dienste einfach so anbieten und auch abrechnen. Berätst du fremde Klienten, solltest du das freiberuflich tun oder eventuell auch ein Gewerbe anmelden und alles klar abrechnen. Mediale Beratungen zählen zu deinen Einnahmen, die versteuert werden, wozu ich dir raten möchte. Sei korrekt und verhalte dich auch so. Du kannst dir eine Website einrichten (lassen), Flyer drucken und alle Kosten steuerlich absetzen.

Sei dir bewusst, dass sich Klienten, die sich eine mediale Beratung leisten wollen, oft mit starkem Leid auseinandersetzen müssen. Sie befinden sich in einer Krise, haben große Herausforderungen zu bewältigen und sind vielleicht krank an Leib und Seele. Sie alle brauchen vor allem Zeit und Zuwendung, aber auch Verständnis und das Gefühl, so angenommen zu werden, wie sie sind.

Kritik ist deshalb ein absolutes No-Go!

Vorwürfe, Kritik, Unverständnis, Widerworte und falsche Empathie bringen absolut nichts, sondern verschlimmern nur die Situation.

Falscher Trost ist ebenso fehl am Platz.

„Es wird schon wieder" oder „Jetzt schauen Sie einfach nach vorne und nicht mehr zurück" oder „Damit müssen Sie sich halt abfinden" sind Floskeln, die deinem Klienten in seiner jetzigen Situation überhaupt nichts bringen und hinterlassen eher Schuldgefühle und den Eindruck, nicht ernst genommen zu werden. Der Klient hat das Recht, sich schlecht zu fühlen, und möchte in seiner Trauer, seinem Schmerz, seiner Verzweiflung oder Ratlosigkeit an- und ernstgenommen werden. Er „darf" sich mies fühlen.

Diese Haltung des medialen Beraters ist sehr wichtig, denn es ist der erste Schritt, der dem Klienten zeigt, dass ihm Verständnis zuteilwird. Jetzt schon mit Lösungen daherzukommen, wäre ein Schritt in die falsche Richtung und würde den Klienten verprellen.

Hochsensible, empathische und mediale Berater bringen im Grunde schon das Rüstzeug mit, einfühlsam und verständnisvoll mit ihren Klienten umzugehen. Aber oft sind sie von den unterschiedlichen Belangen der Klienten überfordert und platzen dann eventuell vorschnell mit einer Lösung heraus. Oder äußern unbedacht Kritik, zum Beispiel: „Oh, warum haben Sie daran nicht eher gedacht?"

Ebenso kontraproduktiv ist eine emotionale Reaktion des Beraters, wenn zum Beispiel dem Klienten großes Unrecht getan wurde und der Berater sich darüber ärgert und ebenfalls wütend wird. Und selbst wenn ein Berater die Wut und den Frust seines Klienten in sich selbst spiegelt, darf er seine Emotionen nicht laut äußern, sondern sollte ganz in der Ruhe bleiben. Die Emotionen des Klienten auffangen und als stiller Spiegel agieren – das sollte die Aufgabe eines Beraters sein.

Der Satz „Ich verstehe Sie gut. Das hätte mich auch frustriert" ist besser als ein wütendes „Dem hätte ich es aber gezeigt!"

Der Klient sollte die Chance bekommen, die bisherige Schwingungsfrequenz von Trauer, Schmerz, Wut und Frust zu verlassen und wieder in das Schwingungsfeld der Harmonie zu gelangen, ohne dass ihm das Recht auf seine Emotionen abgesprochen wird. Er braucht Verständnis für seine Emotionen, aber keine direkte Spiegelung. Deshalb ist es sinnvoll, wenn der Berater eine liebevolle Distanz zeigt und nicht noch Öl ins Feuer gießt.

Reaktionen des Beraters, die dem Klienten weiterhelfen, sind:

- Verständnis und absolute Annahme,
- Einfühlungsvermögen,
- liebevolle Distanz,
- Lösungsmöglichkeiten aufzeigen,
- dem Klienten die Entscheidung selbst überlassen.

Manchmal wollen Klienten unbedingt eine konkrete Anweisung erhalten. Sie beharren darauf und fragen: „Was würdest du an meiner Stelle tun?"

Das ist bei jeder Beratung ein heikler Punkt. Aber du kannst in diesem Fall deine eigene Meinung kundtun, indem du zum Beispiel sagst: „Wenn Sie mein Elternteil/mein Kind/ mein Partner wären, dann würde ich..."

Aber bitte schiebe deine Antwort nicht auf die Geistige Welt. Es ist absolut unseriös, der Geistigen Welt die Entscheidung des Klienten zuzuschieben, auch wenn der Klient unbedingt wissen will, was die Engel/Geistwesen/Verstorbenen ihm genau raten.

Sobald du antwortest, dass die Geistige Welt genau diesen oder jenen Schritt vorschlägt, wird dem Klienten die Entscheidungsfreiheit abgenommen, und er gerät in eine Abhängigkeit. Außerdem gibt es niemals im Leben nur eine einzige Entscheidungsmöglichkeit. Die Zukunft der gesamten Schöpfung ist nicht absolut festgeschrieben. Sie ist variabel. Bestimmte Meilensteine sind im Leben des Einzelnen festgelegt, aber niemals das ganze Leben, denn dieses formt sich durch den freien Willen und die Entscheidungen des Einzelnen an den Gabelungen seines Weges, der durchs Leben führt. Das! ist Ausdruck der schöpferischen Macht des Menschen.

Mediale Berater sollten das berücksichtigen und sich nicht festnageln lassen, denn mediale Botschaften sind kein Dogma, sondern immer auch eine Sache der Interpretation.

Das bedeutet für den medialen Berater, jegliche Botschaft, die er empfängt, genau zu prüfen. Wenn du als Berater auditive Botschaften empfängst, solltest du genau *hinhören* und prüfen: Welche Sätze werden dir übermittelt? Wie werden sie übermittelt? Sprechen Liebe, Güte und Freiheit aus den Sätzen? Oder kommen gar Befehle durch? Mit wem sprichst du gerade? Bist du dir sicher, dass die Quelle rein und hochschwingend ist?

Oder hat sich noch „jemand“ anderes eingeschlichen? Und was genau übermittelst du von diesen Sätzen deinem Klienten?

Wer visuelle Botschaften empfängt, muss dementsprechend sehr genau *hinschauen*: Werden Zeichen übermittelt? Welche Visionen und Bilder empfange ich? Sind diese überhaupt zu interpretieren? Was will die Vision oder das Bild dem Klienten mitteilen?

Dasselbe gilt für *hellwissende* Botschaften. Woher kommt das Wissen? Was beinhaltet es? Welcher Teil der Botschaft ist für den Klienten wichtig? Welche Worte wählst du, um ihm den Inhalt der Botschaft zu vermitteln?

Überprüfe deine Botschaften ständig und hinterfrage sie. Wenn etwas nicht klar ist, frage deine Quelle erneut. Solltest du nichts Eindeutiges empfangen, dann teile das dem Klienten wahrheitsgemäß mit.

Übung macht den Meister. Je öfter du deiner Berufung als medialer Berater folgst, desto sicherer kannst du dich während einer Sitzung fühlen. Bleib dennoch wachsam und überprüfe alles, was du an Botschaften erhältst.

Das absolute No-Go einer Sitzung sind Prophezeiungen! Diese können sich auf den Klienten und sein Selbstverständnis verheerend auswirken und seine Zukunftsgestaltung massiv beeinflussen.

Auch ich habe in früheren Zeiten, naiv wie ich war, mediale Berater aufgesucht und deren Prophezeiungen immer noch im Ohr. Einer prophezeite mir viel Geld und Reichtum (haha, ich warte heute noch darauf), ein anderer körperlichen Abbau, schnelles Altern und schlimme Einschnitte in der Lebensmitte. Noch heute überfällt mich ein Gruseln, wenn ich an diese negativen Prognosen denke. So ganz bekomme ich sie nicht mehr aus dem Kopf. Und das ist das Fatale daran. Damit kann man also sehr viel Schlimmes anrichten. Aussagen über die Zukunft sind absolut tabu. Aber genau das ist leider oft bei medialen Beratungen gang und gäbe und zieht damit auch alle seriösen Berater in eine schmuddelige Grauzone. Das ist wirklich traurig.

Am Ende einer Sitzung sollte sich dein Klient auf jeden Fall besser fühlen und motiviert, wieder seiner eigenen Entscheidungskraft zu vertrauen.

Manchmal wirst du trotz aller Einfühlsamkeit und Achtsamkeit nicht verhindern können, dass dein Klient vielleicht nicht so begeistert von der Sitzung ist wie erhofft. Auch solche Erfahrungen gehören zum Leben. Vor allem, wenn jemand haargenaue Anweisungen für die Zukunft möchte und darauf beharrt, dann kann es sein, dass er enttäuscht ist, wenn du ihm die Verantwortung für seine Entscheidungen nicht abnehmen möchtest. Um solchen Missverständnissen vorzubeugen, ist es ratsam, von vorneherein abzuklären, wie deine Dienstleistung aussieht. Der Klient sollte wissen, worauf er sich einlässt und wie dein seriöser Service aussieht. Formuliere deine Dienstleistung in deiner Werbung so klar wie möglich.

Sei dir bewusst, dass ein Großteil deiner Arbeit nicht nur von der medialen Botschaft getragen wird, sondern von der Zuwendung, die du deinem Klienten schenkst. Wenn du mit Herz und Seele bei dem Menschen bist, der deine Beratung wünscht, dann tust du ihm wirklich gut. Schenke ihm deine Zeit, höre aufmerksam zu, hole deinen Klienten dort ab, wo er steht, und stelle deine eigene Person in den Hintergrund. Dein Engagement und deine ehrliche Herzlichkeit sind oft viel wichtiger als die mediale Botschaft an sich.

Zusammenfassung:

- Strukturiere deine medialen Beratungen mit Einfühlsamkeit, Achtsamkeit und Zuwendung.
- Lass deinem Klienten die Entscheidungsfreiheit für sein Leben, sein Denken, Fühlen und Handeln.

☆☆☆

Wie du Heilkraft versendest

Heilkraft zu versenden ist die göttliche Mission deines Lebens. Sie ist deine Bestimmung, wenn du mediale Fähigkeiten hast, und das Herzstück deines Lebens, dein Anteil, den du beitragen kannst, um der Schöpfung zur Seite zu stehen und das Wachstum der Seele zu unterstützen. Aber auch, um bei der Schwingungserhöhung und Bewusstseinserweiterung aller irdischen Daseinsebenen mitzuwirken.

Als Mensch im irdischen Körper erleben wir alle die irdische Welt unter dualen Aspekten. Selbst wenn das in Wirklichkeit eine Illusion ist, so erleben wir sie konkret innerhalb unseres Alltags. Duale Zustände kennzeichnen das Dasein und prägen die erfahrbare Wirklichkeit. Das sich erweiternde Bewusstsein und das innere Licht wissen zwar um die Einheit von Allem-was-ist, aber der irdische Körper ist nur begrenzt in der Lage, dieses Bewusstsein im Alltag dauerhaft zu integrieren.

Wenn mir jemand erzählt, dass er die Dualität dauerhaft überwunden hat, muss ich schmunzeln, denn er überfordert sich damit heillos und belügt sich selbst. Im glückseligen Zustand der Einheit zu schwingen, tagein und tagaus, ist eine Illusion. Traurigkeit, Wut, Frust und Enttäuschung kehren (leider) bald zurück wie das Amen in der Kirche. Hinzu kommen körperliche Beschwerden und Probleme, die nicht einfach wegzudenken sind, denn auch sie gehören zur menschlichen Erfahrung.

Der Mensch ist zur Zeit körperlich nicht in der Lage, sich ausschließlich auf angenehme Gefühle und Wahrnehmungen zu konzentrieren. Vom reinen Bewusstsein her kann er dieses zwar durchaus, aber Emotionen, Körperempfindungen, Gefühle und Gedanken unterliegen dualen Wahrnehmungszuständen und machen die ganze Bandbreite menschlicher Möglichkeiten aus. Ohne duale Zustände könnte der Mensch nie seine Einzigartigkeit als Individuum erfahren – sein Ich und seinen freien Willen. Individualität, Ich-Bewusstsein und freier Wille sind Kennzeichen des irdischen Daseins. Die Dualität macht also durchaus Sinn. Ihre Auswirkungen zu harmonisieren ist somit Aufgabe medialer Wahrnehmungsfähigkeit. Medialität, wenn sie heilend angewandt wird, wirkt ausgleichend und führt immer wieder zum Bewusstsein reiner Einheit, um die Illusion der Trennung für kostbare Augenblicke aufheben zu können und hinter die Schleier der Dualität zu blicken.

Doch zurück zur Heilkraft. Was ist also zu tun, wenn sich duale Zustände innerhalb eines Felds der Traurigkeit, der Wut, des Zorns, der Hoffnungslosigkeit, der Angst und Panik usw. zeigen?

Sobald du den ersten Schreck überwunden hast und dir begreiflich machst, dass deine Fähigkeiten nun zum Einsatz kommen können, auch wenn du dich sehr unwohl fühlst und das Feld direkt am eigenen Leib erlebst, konzentriere dich auf deine innere Seelenkraft und versuche, sie zu spüren!

Ja, spüre sie hinter all den anderen Wahrnehmungen, die deine Schwingungsfrequenz senken!

Stell dir vor, du stehst vor einem großen Lavendelfeld, das geerntet werden will. Es gibt Arbeit für dich! Hurra! Du hast zu tun.

„Und jetzt wird wieder in die Hände gespuckt...“ Freue dich, dass dein Leben Sinn macht. Jetzt kannst du etwas tun! Du bist jetzt am Zug! Deine Mithilfe ist gefragt! Und DU wirst gebraucht – ja, regelrecht ersehnt: als göttliches Lichtkind mit der Gabe, Heilkraft zu versenden.

Mache dir bewusst, dass jetzt *dein* Einsatz wichtig ist. Und sobald das in deinem Denken und Fühlen angekommen ist, wirst du erleben, dass der Schmerz, den du eben noch empfunden hast, weniger wird.

Der Schmerz beginnt sich in dem Moment aufzulösen, in dem du ihn annimmst und in Tatkraft verwandelst. Und wenn du es dann in Freude tust, wirst du erfolgreich sein.

Wahrscheinlich hast du deine mediale Wahrnehmung und Empfindsamkeit noch nie aus dieser Perspektive betrachtet, denn bisher war dein Handeln einzig und allein darauf ausgelegt, dich abzugrenzen und zu schützen, und du hast somit im Feld des Widerstands und der Flucht agiert, was deine Schmerzen nur noch schlimmer gemacht hat.

Jetzt wechselst du die Perspektive. Du nimmst deine Wahrnehmung an und freust dich, etwas zu tun zu bekommen. Und du weißt, dass du direkt und gleich ans Werk gehen kannst. Wenn alles vorbei ist, erholst du dich und tankst neue Energie, um körperlich und seelisch wieder bei dir selbst anzukommen.

Nun kommen wir zur alles entscheidenden Frage (und ihre Antwort): Wie wird Heilkraft versendet?

Indem du dich zum Kanal für die göttliche Gnade heilender Energien öffnest.

Stell dir vor, wie göttliches heilsames Licht in dein Kronenchakra fließt. Du nimmst göttliche Heilenergie auf und gibst sie direkt weiter. Sie strömt aus deinem Herzen direkt in das Feld der Schmerzen, das sich um eine Person oder Gruppe von Menschen gebildet hat. Oder hinein zum Feld einer ganzen Nation, eines Landstrichs, einer Region, einer Stadt. Oder: einfach ins Universum.

Du verströmst dich. Aus dir heraus strömt göttliche Liebe. Es ist nicht deine eigene Kraft, die du weiterleitest, sondern die göttliche Liebes- und Heilkraft, die du als Empfänger und gleichzeitig Sender weitergeben kannst.

Wichtig ist, dass du Menschen nicht ohne ihren Willen bestrahlst, sondern einfach in das Feld hineinstrahlst, das sie umgibt. So können sie selbst entscheiden, ob sie die Liebes- und Heilkraft in sich hineinlassen. Und somit annehmen.

In dem Moment, in dem du zu strahlen (zu bestrahlen) beginnst, wird sich dein eigener Schmerz, den du am ganzen Leib erfährst, langsam auflösen, denn auch du wirst geflutet von göttlicher Liebe. Diese göttliche Liebe und Heilkraft reinigt auch dich. Du verbindest dich mit ihr und lässt sie durch dich hindurchfließen. Sie wandert durch dein ganzes Dasein und befreit dich von der Qual der schmerzhaften Wahrnehmung.

Nicht immer geht das Feld der schmerzhaften Wahrnehmung mit einzelnen Personen einher, sondern meistens sind es Felder, die von mehreren Menschen herrühren oder von kollektiven Ereignissen.

Es kann also gut sein, dass du anfangs nichts, aber auch gar nichts, über das Feld weißt. Du weißt noch nicht einmal, ob es um ein zukünftiges, ein vergangenes oder ein direkt stattfindendes Ereignis geht. Manchmal nimmst du die Energie der Vergangenheit wahr. Zum Beispiel von Kriegsschauplätzen, Naturkatastrophen, Unglücken usw. Die Menschheitsgeschichte ist voll von derartigen grausigen Ereignissen.

Ein anderes Mal nimmst du ein Feld wahr, das sich erst viel später verwirklichen wird. Und vieles läuft parallel und findet in den Momenten statt, in denen du das Feld wahrnimmst.

Wenn du weißt, dass du im Feld einer Person bist, sei es ein Familienmitglied, ein Kollege, ein Patient, ein Klient oder sogar ein Fremder, dann bestrahle das Feld wie alle anderen Felder. Schicke die Heilstrahlen direkt in die Felder hinein. Sie werden genau dort ankommen, wo sie gebraucht werden.

Es ist absolut wichtig für dich zu wissen, dass du kein Opfer deiner Medialität bist, sondern ein Schöpfer. Du hilfst mit, eine neue Wirklichkeit zu erschaffen, indem du mit deiner Heilkraft das Feld verwandelst.

Zusammenfassung:

- Freue dich, dass es zu deiner Aufgabe im Leben gehört, ein Kanal der göttlichen Heilkraft zu sein.
- Werde aktiv und versende Heilkraft.

☆☆☆

Was geschieht, wenn du Heilkraft versendest?

Wenn du göttliche Heilenergie versendest, dann verändert sich die Schwingungsfrequenz des Feldes. Schmerzhafte Ereignisse, die viel Kraft kosten und mit Wut, Frust, Angst, Trauer und Hoffnungslosigkeit einhergehen, schwingen in einer niedrigen Frequenz – also langsam und träge, wie gelähmt und zäh.

Göttliche Heilkraft hingegen ist pure Liebe und schwingt sehr, sehr hoch. Und während das schmerzhafte Feld es zunächst schafft, dich in Resonanz zu bringen und deine eigene Schwingungsfrequenz zu senken, schafft es die göttliche Liebesschwingung, alles und jeden wieder „nach oben“ zu bringen. Die göttliche Heilkraft kann nicht auf das Niveau der niedrigen Frequenz heruntergezogen werden. Sie ist immer gleich hochschwingend, für uns Menschen unvorstellbar hoch und pure Schöpferkraft, pure Liebe, pures Dasein, pure Heilung und Transformation.

Sobald die göttliche Liebesschwingung in das niedrigschwingende Feld eintritt, verwandelt sie das Feld und hebt die Schwingung. Deshalb ist deine Mitwirkung so wichtig. Und sobald mehrere medial begabte Menschen gemeinsam agieren, potenziert sich die Kraft. Eine unendlich große Fülle an Heilkraft trifft auf das schmerzhafte Feld und verändert es mit voller Kraft.

Das bedeutet nicht, dass das Ereignis, das das Feld des Schmerzes entstehen ließ, rückgängig gemacht wird. Hat zum Beispiel ein Attentat stattgefunden, so ist diese Tatsache zwar gegeben, aber die Auswirkungen des Attentats können nun von allen Beteiligten besser verarbeitet und bewältigt werden. Die

Wucht der Auswirkungen wird gemildert, und die Betroffenen erleben trotz aller Schmerzen dennoch Trost, Verständnis und genügend Energie, um nicht vollends zusammenzubrechen.

Zusammenfassung:

- Heilkraft verwandelt niedrigschwingende Energie in höher schwingende.
- Göttliche Liebeskraft erhöht die Schwingung der Energiefelder und sorgt dafür, dass leidvolle Erfahrungen besser verarbeitet werden können.

☆☆☆

Exkurs: Mediale Angriffe und Energieraub

Unser irdisches Dasein unterliegt stets dualen Zuständen, Daseinserfahrungen, Gefühlen, Gedanken und Handlungen. Erfahrungen im irdischen Leib gehen deshalb auch immer mit Erfahrungen negativer Art einher. Auch wenn es auf der Schöpfungsebene nichts als Liebe gibt – die Schwingung absoluter Göttlichkeit und Lichtkraft –, so erfahren wir Menschen eben auch innerhalb der dualen Wahrnehmungen Zustände, die weniger angenehm sind.

Dazu gehören ganz klar Energieraub und Angriffe aus der grobstofflichen sowie feinstofflichen Sphäre. Grobstoffliche Anfeindungen, Ausgrenzungen und Manipulationen können sehr belastend sein. Solche Erlebnisse kosten Kraft. Fast immer sind es sehr triebgesteuerte Menschen, die Neid, Missgunst und Hass spüren, Flüche ausstoßen, Verwünschungen äußern und schwarzmagische Praktiken anwenden, um dir bewusst zu schaden. Diese Angriffe zählen zu den schlimmsten und sind etwas ganz anderes als die Wahrnehmung von schmerzhaften Feldern. Denn sie werden bewusst ausgesandt und sollen dir schaden, und sie gelten im dualen Zustand des irdischen Daseins als abgrundtief böse.

Vor solchen Energien ist es ratsam, sich, so gut es geht, zu schützen. Und manches Mal ist die Hilfe eines Profis nötig, diese Angriffe der Böswilligkeit abzuwehren und aufzulösen.

Einfache Angriffe kannst du selbst mit Hilfe von Gebeten und der Liebeskraft hilfreicher Wesen, wie zum Beispiel der Engel, abwehren.

Viele Angriffe, die mit Energieraub einhergehen, sind nicht bösartiger Natur und werden von bedürftigen Menschen ausgesandt.

Es gibt zahlreiche Mitmenschen, die instinktiv spüren, wenn sie mit einem großartigen und lichtvollen Menschen mit medialen Gaben zu tun haben. Sie klinken sich dann einfach in dessen Energiesystem ein und lassen sich von ihm nähren und versorgen, was den meisten noch nicht einmal bewusst ist. Sie würden sogar vehement bestreiten, Energieräuber zu sein. Dabei fühlen sie sich so wohl in der Gegenwart eines liebevollen, lichtvollen und herzlichen Menschen. Medial veranlagte, hochsensible Menschen sind in der Regel sehr offen und liebevoll. Sie strahlen ein ganz besonderes Licht in die Welt hinaus, von dem sich zahlreiche Bedürftige angezogen fühlen.

Schnell geschieht es dann, dass so ein strahlender Mensch zum Guru gemacht wird, – oder energetisch ausgesaugt, – oder gnadenlos ausgenutzt, ohne dass nur ein einziges Wort gewechselt wurde.

Was ist also zu tun?

Schützende Maßnahmen wirken leider immer nur bedingt und mitunter zeitlich eingeschränkt. Das heißt, dass sämtliche Schutzmaßnahmen gegen bösartige oder bedürftige Angriffe nicht immer absolut und optimal greifen. Energievampire und Schwarzmagier finden immer ein Schlupfloch, denn sobald sich der Strahlende öffnet, klinken sie sich ein. Jemand, der dieses Strahlen auf die Welt bringt, kann nicht anders als immer zu strahlen und könnte im „geschlossenen Zustand" gar nicht lange existieren, weil eben ein offener Zustand zu seiner Lebensbestimmung gehört. Denn wer sich dauerhaft verschließt, kann seiner Lebensbestimmung nicht mehr richtig nachkommen.

Bei mir selbst hat noch kein einziger Schutzmechanismus auf Dauer etwas bewirkt. Ich habe akzeptiert, dass ich offen und strahlend bin, selbst dann, wenn ich körperliche Beschwerden habe oder krank bin.

Tägliche Reinigung hilft da schon viel besser. Durchtrenne die Schnüre, die an dir anhaften. Stell dir dabei vor, wie du sie mit einem Staubsauger absaugst, mit einer Schere durchschneidest, oder einfach aus dir herausziehst.

Wer unterstützend dabei unter der Dusche stehen will oder ein basisches Bad nimmt, reinigt sich gleichzeitig von innen und von außen.

Schrubbe in Gedanken alles von dir und aus dir heraus, was nicht zu dir gehört. Klebrige Energie – weg damit! Fangarme, die dich umgarnen – weg damit! Krallen, die dich festhalten – löse sie und: weg damit

Stell dir vor, dass du in einem göttlichen Lichtstrahl stehst, der dich vor allem Bösen abschirmt. Visualisiere immer wieder göttliches Licht um dich herum. Du stehst in einem dreidimensionalen Lichtkreis, in einer Lichtkugel, die dich unangreifbar macht.

In meinem Buch *„Engelheilkunde"* habe ich beschrieben, wie dich die Kraft der Engel wirkungsvoll beschützen, heilen und erheben kann. Lade die hochschwingende Energie der Heilengel zu dir ein und visualisiere ihr Licht um dich herum und in dir. Erschaffe dir in Gedanken deinen eigenen Heilengel, der dich abschirmt.

Im weiteren Verlauf dieses Buches wirst du noch einige Gebete kennenlernen, die dich klären, reinigen und mit Heilkraft versorgen.

Solltest du merken, dass eine fremde Seele an dir dranhängt, so zeige ihr den Weg in eine höhere lichtvolle Ebene im feinstofflichen Bereich. Rufe wieder liebende Engelenergien zu dir, die die Seele mitnehmen und aus deinem Energiefeld lösen.

Und damit kommen wir zum feinstofflichen Energieraub.

Innerhalb der feinstofflichen Ebene verweilen die Seelen von Verstorbenen, es weilen dort Lichtwesen und Engelenergien, aber eben auch wenig hochschwingende Wesen.

Strahlende, stets offene Menschen werden auch von feinstofflich Bedürftigen angezogen. Sie setzen sich in dein Energiefeld und nähren sich dort von deiner Energie. Bald fühlst du dich völlig fertig, sterbenselend und kraftlos; leidest entweder an starken Depressionen oder entwickelst seltsame Gelüste und Verhaltensweisen, denn das feinstoffliche Wesen beeinflusst dich entsprechend.

Wer zum Beispiel nie Alkohol getrunken hat und nun plötzlich ein seltsames Bedürfnis verspürt, sich regelrecht zu betrinken, ohne dass ein irdischer Grund vorliegt, wie zum Beispiel Liebeskummer ☺, der hat höchstwahrscheinlich die Seele eines verstorbenen Alkoholikers in seinem Energiefeld.

Löse in Gedanken diese Seele aus deinem Energiefeld, indem du sie in den Arm nimmst und neben dich stellst. Zeige ihr den Weg ins Licht und rufe die Engelenergien herbei, um dir dabei zur Seite zu stehen und die Seele abzuholen.

Nicht immer gelingt es aus eigener Kraft, fremde Energien aus dem eigenen Energiefeld zu lösen. In hartnäckigen Fällen hole dir also Hilfe bei anderen medialen Menschen, die sich auf diese Aufgabe spezialisiert haben.

Und noch ein Tipp: Sei vorsichtig bei spirituellen Ritualen, Einweihungen und Initiierungen. Für mich als hochsensible und mediale Frau kommt nichts dergleichen mehr infrage. Ich meide jegliche Rituale, seien es Frauentreffen, Jahreskreisfeste oder andere Einweihungen. Meine Reiki-Einweihungen vor vielen Jahren haben mir damals gezeigt, dass es leider Schlupflöcher für niedrigschwingende Energien gibt, die genau auf diesen Moment gewartet haben. Je lichtvoller, offener und herzlicher ein Mensch ist, desto eher möchte eine bedürftige Energie genau dort andocken und genährt werden.

Dasselbe gilt für Auslandsaufenthalte. In etlichen Urlauben habe ich mir fremde Energien eingefangen, vor allem dann, wenn ich wegen Jetlag oder anstrengender Umstände und Stress im Urlaubsland nicht ganz in meiner Kraft war.

Es bleibt dann nicht aus, sich täglich zu reinigen und die Fremdenergien aus dem eigenen Feld herauszulösen, so, als ob man sich nach einem Waldbesuch im Sommer auf Zecken absuchen muss.

Dauerhafte Probleme, Schmerzen, Kraftlosigkeit, Depressionen, seltsame Gelüste und Gewohnheiten, Zwangshandlungen, Pechsträhnen, Unfälle, Schäden jeglicher Art, Energieverlust und das Gefühl, ausgesaugt zu werden, sind immer ein Zeichen dafür, dass etwas nicht stimmt. Wer oder was raubt dir Energie? Ist es ein lebender Mensch oder ein Wesen aus der feinstofflichen Welt?

Reinige dich täglich und überprüfe, wer in deinem Feld anwesend ist.

Mediale, hochsensible Menschen haben das Glück, dass sie sehr schnell merken, wenn etwas nicht stimmt. Sie wissen und spüren dann, dass sie eine Besetzung haben und Angriffen ausgesetzt sind.

Überprüfe ebenso selbstkritisch, ob du dich selbst irgendwo eingeklinkt hast, um dich mit frischer Energie zu versorgen.

Hol dir in diesem Fall deine eigenen Fäden, Schnüre und Felder zurück.

Wer immer sich bei dir einklinkt, der macht dies nicht immer aus Boshaftigkeit, sondern oft auch aus Bedürftigkeit. Doch ist es immer ratsam, hinzuspüren, ob dir jemand absichtlich schaden möchte. Hochschwingende und lichtvolle Energien ziehen immer auch niedrigschwingende Energien an. Alles strebt dem Licht zu. Lichtvolle Menschen, vor allem, wenn sie auch noch medial, empathisch und hochsensibel veranlagt sind, sind immer nährend, mitfühlend und offenherzig. Es ist ihnen nicht möglich, sich komplett zu verschließen. Ihr Lebensprinzip beruht auf lichtvoller Strahlung zum Wohl aller, und sie sind allein durch ihr Dasein eine wunderbare Energiequelle. Und das gönnen dir manche nicht. Die Welt ist leider immer noch voll von Neidern. Aber auch sie können eine Wandlung erfahren und sich ihres eigenen Lichts bewusst werden.

Ich empfehle, gelöste Energiefelder aus der eigenen Aura den Engeln zu übergeben oder hochschwingenden göttlichen Feldern. Dort kann dem Bedürftigen oder dem Neider geholfen werden, indem er lernt, sich selbst zu nähren. Das verlangt aber vom hochschwingenden und lichtvollen Menschen eine gewisse Konsequenz im Handeln, was lichtvollen Menschen oft schwerfällt, weil sie im Wir-Bewusstsein leben und immer strahlend sind.

Wenn du niedrigschwingende Energiefelder aus dir herausgelöst hast, wirst du spüren, dass es dir schlagartig besser geht. Oft geht das Herauslösen mit eindeutigen Signalen, Gefühlen und Wahrnehmungen einher. Du merkst zum Beispiel, dass dir plötzlich warm wird oder du auf einmal nicht mehr müde bist und wieder gute Laune hast. Du fühlst dich nicht mehr so schwer, so ausgelaugt, so angegriffen. Stattdessen kehrt die lichtvolle Leichtigkeit in dein ganzes Wesen zurück. Dein Körper kann diese Befreiung genauso spüren wie deine Seele. Achte deshalb auf deine Körpersignale. Sie sollten alle positiv bewertet werden können. Auch Hitzewallungen gelten als positiver Ausdruck des Körpers und signalisieren, dass deine Energie wieder zurückgekehrt ist. Achte auch auf deine medialen Wahrnehmungen. Ich persönlich rieche zum Beispiel blumige Düfte, sobald ich Fremdenergien losgeworden bin.

Unangenehme Gerüche, die für einen normalen Menschen nicht erkennbar sind, zeigen, dass die Fremdenergie noch nicht vollständig gelöst wurde. Hol dir Hilfe, wenn du es alleine nicht schaffst, was vor allem für extrem bösartige Angriffe gilt.

Zusammenfassung:

- Tägliche Energiereinigungen helfen, Fremdenergien loszulassen.
- Übergib alles dem göttlichen Licht, den Engeln und Lichtwesen.
- Hol dir professionelle Hilfe, falls du massiven Angriffen ausgesetzt bist.

☆☆☆

Festsitzende Felder

Was ist das?

Das sind niedrigschwingende Energiefelder, die sich bei dir körperlich festgesetzt haben, was bedeutet, dass dein Körper sie im Gewebe, in den Muskeln und Organen sowie im Skelett aufgenommen hat. Und sie haben mit dir selbst zu tun. Das bedeutet: Diese Wahrnehmungsfelder vermischen sich mit deinem eigenen Schmerz zu einer Mischung, die komplett körperlich von dir integriert wird. Dein Körper trägt sie nun, verkapselt sie und verursacht dann bei dir psychosomatische Beschwerden.

Diese Felder beeinflussen deine Körperhaltung, deine Ausstrahlung und dein Schmerzempfinden, machen Beschwerden oder lassen dich innerlich erstarren, sodass du nichts mehr im Körper fühlst. Dein eigener Schmerz ist nämlich schon vom Körper aufgenommen worden. Kommt das fremde Feld hinzu, ohne dass du es bewusst wahrnimmst, weil du zum Beispiel gerade keine Zeit hast, dann manifestiert sich das komplette Schmerzfeld in deinem Körpersystem.

Dein Körper strahlt alles aus, was du nicht verarbeitet oder gelöst hast, wobei dein eigener verdrängter Schmerz dabei die Grundlage ist. Nun legt sich das fremde Feld darüber, sodass du nicht mehr weißt, aus welchen Bestandteilen der Schmerz überhaupt noch besteht.

Diese Felder lassen sich mit Körpermassagen lösen. Allein geistig können sie nicht gelöst werden. Keine mentale Technik ist dazu in der Lage. Auch kein Yoga oder meditative Disziplin. Nur die direkte manuelle Arbeit am Körper kann hier helfen.

Wenn du dir Körperhaltungen von Menschen um dich herum ansiehst, wirst du erkennen, welches ungesunde Feld überwiegend körperlich zu sehen ist:

- Trauer, Angst und Schmerz zeigen sich durch einen nach vorne gebeugten Oberkörper, zusammengezogene Schultern und eingezogenen Kopf.
- Unsicherheit, Angst und Mutlosigkeit zeigen sich durch hochgezogene Schultern und ein nach hinten geschobenes Becken.
- Wer innerlich erstarrt und gepanzert ist, der schiebt die Brust extrem nach vorne.
- Ein vorgewölbter Bauch und ein Rundrücken symbolisieren Hilflosigkeit und Gefühle von Resignation und Ohnmacht.
- Betont nach vorne gezogene Schultern und zusammengepresste Zähne zeigen Wut und Groll.
- Ein völlig verdrehter Körper zeigt tiefe Trauer und Depression, ja, sogar, dass der Mensch innerlich aufgegeben hat.
- Verspannungen im Brustbereich (Brustwirbelsäule) zeigen Überforderung und ein sich verschließendes Herz.

Beobachte dich selbst, um herauszufinden, welche Haltung du gerade einnimmst, und stell dir dabei folgende Fragen:

„Bin ich wirklich locker? Oder gibt es Verspannungen, die ich nicht los werde? Habe ich körperliche Symptome? Rückenschmerzen, Kieferschmerzen, Kopfschmerzen? Knirsche ich nachts mit den Zähnen? Wo fühle ich mich gefühllos an? Welche Körperteile kann ich nicht mehr richtig spüren? Wo im Körper halte ich meine Tränen fest? Wo im Körper habe ich meinen seelischen Schmerz gespeichert? Was möchte mir mein Körper mitteilen, wenn ich bereit bin, ihm zuzuhören?“

Denk immer daran, dass niedrigschwingende Felder, die sich körperlich bei dir festgesetzt haben, immer mit dir zu tun haben. Immer! Und da gibt es keine Ausnahme! Fremde Felder, die du kurzzeitig körperlich wahrnimmst, aber nichts mit dir zu tun haben, lösen sich sofort, wenn du Heilkraft versendest. Sie waren einzig und allein dazu da, um von dir wahrgenommen und aufgelöst zu werden.

Festgesetzte Felder lassen dich spüren, dass sich in dir ein Schmerz verkapselt hat, den dein Körper freundlicherweise für dich übernommen hat, weil du dich damit noch nicht auseinandersetzen konntest, weil dir bisher das Bewusstsein für deinen eigenen Schmerz gefehlt hat. Und so trägt dein Körper ihn für dich.

Befreie deinen Körper!

Das geht am besten mit Hilfe der sanften Heilmassage, die du dir selbst geben kannst. Natürlich ist es wunderbar, wenn du einen Therapeuten findest, der auf diese Heilmassage spezialisiert ist. Aber meistens ist keiner vorhanden oder nicht in deiner Nähe. Doch du kannst dir selbst helfen.

Zusammenfassung:

- Verkapselter seelischer Schmerz erzeugt blockierte Energiefelder, die sich im Körper festsetzen und körperliche Beschwerden verursachen.

☆☆☆

Heilmassage, um ungute Energiefelder zu lösen

Diese Selbstmassage wird ganz sanft ausgeführt und hilft dir, ungute Energiefelder in dir aufzulösen und zu erlösen. Du brauchst dich dafür nicht zu entkleiden, aber nimm dir auf jeden Fall ausreichend Zeit für dich. Diese Heilmassage lässt sich nicht mal eben so anwenden. Gönne dir Ruhe und lass dich darauf ein. Sei voll und ganz für dich da.

Begleite dich dabei mit der höchsten Liebesenergie, die du dir vorstellen kannst. Tauche ein in das göttliche Feld der reinen und wahren Liebe, der Schöpferkraft und der Erlösung. In dir schwingt reines, wunderbares göttliches Licht und erhöht deine Schwingung. Sende deine Aufmerksamkeit in dieses Feld der Göttlichkeit, bevor du mit der Selbstmassage beginnst.

***

Beginne mit deinem Herzchakra. Dieser Körperbereich, der besonders viele Emotionen aufnimmt und Felder der Angst, sowie unendlich viele Tränen gespeichert hat, liegt in der Mitte deines Körpers.

Nimm jede Emotion an, die sich nun zeigt, sei es Trauer, Angst, Wut, Hoffnungslosigkeit, Ohnmacht, Verzweiflung oder ein anderes Gefühl. Nimm das Feld, das sich nun bewusst zeigt, in Dankbarkeit an.

Lege alle zehn Fingerspitzen auf diesen Bereich im Herzchakra und spüre zunächst einfach, was mit dir geschieht, wenn du deine Fingerspitzen dort liegen hast. Es kann gut sein, dass sich das Feld alleine durch diese sanfte Berührung zeigt. Eventuell wirst du traurig. Tränen können fließen. Oder du wirst wütend. Eventuell stockt dir der Atem, oder du bekommst nur schwer Luft.

Vielleicht aber spürst du auch nur Frieden. Dann ist dein Herz unbelastet und konnte sich seine Unbeschwertheit bewahren. Nicht immer übernimmt das Herz die schmerzhaften Felder. Lass alles geschehen, was geschehen will.

Nimm dir unbedingt genügend Zeit, um in dich hineinspüren zu können. Nimm alles wahr, aber bewerte und erwarte nichts. Es zeigt sich immer nur das, was sich zeigen will.

Beginne nun, sanft mit den Fingerspitzen zu kreisen. Führe diese Heilmassage ganz rhythmisch, langsam und sanft aus. Spüre wieder, was das Kreisen der Fingerspitzen mit dir macht. Will sich noch ein Feld zeigen und lösen?

Das Berühren und Kreisen mit den Fingerspitzen triggert (aktiviert) die Felder, die in deinem Körper gespeichert sind, und löst sie aus dir heraus.

Manchmal geht es ganz schnell, und ein anderes Mal musst du dir einige Minuten Zeit lassen, bis die in dir verborgenen Felder sich zeigen und von dir bewusst gespürt werden können. Nimm alles an, was spürbar ist, und atme es dann aus. Es darf aus dir herausfließen und deinen Körper verlassen.

Nachdem du den Herzbereich gelöst hast, ruhe dich kurz aus und lege dann alle Fingerspitzen auf den Kopf. Verweile in dieser Haltung und spüre hinein, was mit dir geschieht, wenn du dich auf diese Weise berührst. Was will sich zeigen? Zeigt sich überhaupt etwas?

Nimm dir Zeit, um in diese Position hineinzuspüren. Dann beginne, mit den Fingerspitzen über den ganzen Kopf hinweg zu kreisen. Spüre wieder, was dieses Kreisen mit dir macht. Was für Gefühle kommen hoch? Was zeigt sich?

Nimm alles an, was sich zeigt, und lass es gehen. Es ist Zeit, es aus deinem Körper herauszulösen. Ruhe dich wieder aus.

Nach dem Kopf wechsle zu Nacken und Schultern. Dann zum Lendenwirbelbereich. Anschließend zum Gesicht, zu den Beinen, den Füßen und den Armen. Die Arme kannst du jeweils nur mit fünf Fingern berühren und massieren.

Lass dir dazwischen immer Zeit zum Ausruhen und Nachspüren.

***

Ein großer Körperbereich, der oft stark von emotionalen Feldern besetzt ist, ist der gesamte Bereich des Bauches. Geh dort sehr behutsam vor und lass dir genügend Zeit, um alles, was sich an die Oberfläche wagt, zu erlösen.

Es ist normal, wenn du dabei eventuell viel weinen musst. Lass es geschehen. Schäme dich deiner Tränen nicht. Lege dir genügen Taschentücher bereit und lass alles aus dir herausfließen.

Wenn du ein Mensch bist, der medial sehr viel spürt, wirst du von ganz alleine merken, welche Körperstellen besonders viele Felder aufgenommen haben. Lass dich also intuitiv von deiner Seele und deinem Körper führen und verändere die Reihenfolge der Berührungen und Massagen. Manchmal wird man regelrecht zu einem bestimmten Körperteil hingeführt. Es können zum Beispiel auch nur die Ohren, die Zehen oder die Augenbrauen sein, die Energie gespeichert haben, die dort nicht hingehört. Oft ist auch das Kiefergelenk stark betroffen, denn es trägt besonders alle stressigen Erfahrungen im Leben.

Wenn du das Gefühl hast, beim Kreisen mit den Fingern stärker drücken zu wollen, dann tue es. Jeder Mensch hat andere Bedürfnisse. Manchmal ist auch nur ein wenig mehr Intensität notwendig, um an die tief vergrabenen Felder zu gelangen.

Sollte sich nirgends im Körper ein Feld zeigen, möchte deine Seele den Schmerz vielleicht noch nicht preisgeben, was bedeutet: Du blockierst dich dann selbst, um alles unter Kontrolle zu haben. Dann macht es Sinn, einen anderen Zeitpunkt für die Behandlung zu wählen. Oder einen lieben Freund oder eine Freundin zu bitten, die Berührungen und das Kreisen zu übernehmen. Manchmal braucht es Distanz zu sich selbst, um sich selbst spüren zu können. Dann ist man sich selbst gegenüber betriebsblind und kann sich erst spüren, wenn man nichts mehr tun muss, sondern sich den Berührungen durch einen anderen einfach nur hingeben kann.

Aber auch das Gegenteil kann der Fall sein, nämlich, dass man es alleine am besten kann. Das ist vor allem dann sinnvoll, wenn man Gefühle von Scham und Peinlichkeit verspürt und nicht möchte, dass ein anderer die sich lösenden Emotionen miterlebt.

Beende deine Heilmassage mit tiefen Atemzügen und trinke genügend Wasser. Damit spülst du alle Reste aus dir heraus.

Wiederhole diese Massage so oft wie möglich, denn es werden sich nicht immer beim ersten Mal alle Felder lösen lassen. Der Körper gibt nur so viel frei, wie du ertragen kannst. Es kann dir also nichts geschehen. Allerdings erlebst du alle Emotionsfelder noch einmal hautnah. Wut, Zorn, Trauer, Resignation, Ohnmacht, Frust – alles kommt an die Oberfläche und ins Bewusstsein. Dieser Prozess ist nicht immer angenehm, aber dafür sehr reinigend und klärend. Du wirst dich hinterher eventuell müde und gleichzeitig leicht und frei fühlen.

Zusammenfassung:

- Erlerne die Heilmassage für dich selbst, um deine blockierten seelischen Schmerzen zu erlösen.

☆☆☆

Neue Felder erschaffen

Wenn du deine Lebensbestimmung annimmst, dann wird diese Heiltätigkeit einen gewissen Teil deiner Zeit in Anspruch nehmen. Sobald du in Resonanz mit dem Feld von Trauer, Anspannung, Angst und Schmerz bist, wird sich also dein ganzes System auf diese niedrige Schwingung einstellen. Du wirst körperlich, mental und seelisch in diese Schwingungsfrequenz eingebunden sein, was bedeutet, dass deine eigene Schwingung erst einmal herabgesetzt wird, solange du mit dem entstandenen Feld in Resonanz bist.

Sobald du aber bewusst deine Aufmerksamkeit und deine Energie auf deine Fähigkeit, Heilkraft zu versenden, lenkst, erfolgt wieder ein Anstieg der Energie, die Schwingung erhöht sich im entsprechend zu heilenden Feld wie auch in dir selbst.

Wenn du Heilkraft versendest, verändert sich die Schwingung also allmählich. Heilkraft zu versenden ist die einfachste Form der Schwingungserhöhung. Du lenkst damit bewusst die Aufmerksamkeit weg von den in dir in Resonanz befindlichen Energien, also weg von Schmerz und Pein.

Zunächst aber erinnere dich daran, alle deine Gefühle und Resonanzen in dir anzunehmen. Entspanne dich sozusagen in all deine Wahrnehmungen hinein.

„Aha, das ist ein körperlicher Schmerz. Aha, das ist ein Feld voller Trauer. Aha, das ist ein Gefühl, als ob ich gleich das Bewusstsein verliere. Aha, in mir kocht Wut hoch. Aha, ich fühle mich träge und unendlich erschöpft. Aha, ich fühle mich miserabel. Aha, ich bin in einem fremden Feld."

Nimm alle deine Resonanzgefühle in dir an. Ebenso alle dazugehörigen Gedanken und Beurteilungen, inklusive deiner inneren Abwehr und Ablehnung. Lass dich in diese Gefühle und Wahrnehmungen fallen wie in ein weiches Kissen. Du wirst aufgefangen und abgefedert.

Nun kannst du beginnen, die Schwingung mit Hilfe der göttlichen Heilkraft zu erhöhen.

Und: Du kannst neue hochschwingende Felder erschaffen. Dabei helfen dir dein Verstand, dein Gefühl und deine Erinnerungen. Erinnere dich zunächst an Situationen, die sehr hochschwingend waren und sind. Stell dir vor, wie du innerhalb dieser Situation im hochschwingenden Feld neue Kraft findest. Diese Kraft leite in das niedrigschwingende Feld.

Mir persönlich helfen dabei Vorstellungen, die von einmaliger, ja, beinahe kitschiger Schönheit sind. Zum Beispiel begebe ich mich dabei gedanklich in wunderbare Traumlandschaften, die ich aus tiefstem Herzen liebe. Dazu gehören leuchtende Strände am türkisblauen Meer, schnuckelige Gebirgslandschaften, weite Wiesen mit blühenden Bäumen und sanfte Hügel im Sonnenuntergang. Kristallblaues Wasser, schneebedeckte Berge, Tautropfen im Sonnenaufgang, bunte Wälder im Herbstlaub, duftende Blumengärten – deiner Fantasie sind keine Grenzen gesetzt. Lieblingsdüfte, wunderschöne Klänge, ein köstlicher Geschmack, liebevolle Worte – sie begleiten dich zusätzlich.

Schönheit, die dich tief berührt, hilft dir, deine Schwingung anzuheben und ein neues Feld von Wohlgefühl zu erschaffen. Dieses neue Feld lässt du sanft in das niedrigschwingende Feld gleiten.

Das Streben nach Wohlgefühl, nach einer hohen Schwingung, nach Schönheit und guten Gefühlen, ist dem Menschen angeboren. Die gesamte Schöpfung strebt nach dieser Harmonie. Also hilf mit, sie zu erschaffen, indem du neue, hochschwingende Felder erschaffst und damit die niedrigschwingenden ersetzt, transformierst, erlöst und heilst.

Ein wichtiger Faktor beim Erschaffen von neuen Feldern und die Anhebung niedrigschwingender Felder ist ein feiner Humor. Lächle und lache darüber, welche Erfahrungen du schon wieder machst. Ist es nicht wunderbar, was das Leben alles kann? Was es dir alles bietet? Was du alles zu tun hast?

Im Grunde kann dir nichts passieren, denn alle deine Erfahrungen finden innerhalb irdischer Zustände statt, im Dasein der grobstofflichen Existenz. Es wird nicht ewig dauern, und es wird eine weitere Erfahrung sein. Du lernst verschiedene Schwingungsfelder kennen und kostest sie wie ein unbekanntes Menü. Nicht alles muss dir schmecken. Und das, was dir nicht schmeckt, machst du für dich schmackhaft und veränderst dadurch die gesamte Situation. Indem du Heilkraft versendest, erschaffst du eine neue Erfahrung – die Erfahrung des Wandels. Du verwandelst niedrigschwingende Energie in höherschwingende und erlöst dadurch das irdisch empfundene Leid und jeglichen Schmerz.

Je öfter du also aktiv Heilkraft versendest und neue Felder erschaffst, desto gelassener wirst du auf weitere Resonanzen reagieren, Ja, es wird dir mit der Zeit sogar normal erscheinen, Veränderungen aktiv herbeizuführen und für mehr Harmonie zu sorgen. Deine medialen Wahrnehmungen werden dich nicht mehr peinigen, sondern du wirst einfach wissen, dass wieder Arbeit für dich ansteht und du die Kompetenz hast, deiner Lebensaufgabe zu folgen.

Wisse bitte auch:

Nicht jedes Feld wird sich für dich gleich anfühlen. Es ist normal, dass manche Felder eine extreme Herausforderung sind und bleiben. Aber du hast ja alles Werkzeug an der Hand, um dem Geschehen nicht hilflos ausgeliefert zu sein. Kreiere dir ein Feld der Kraft, der Liebe und der göttlichen Schwingung. Sieh, wie das Feld wächst und größer wird. Wie es sich aufbaut und ausdehnt. Dabei helfen dir deine Vorstellungskraft und dein Wohlgefühl. Sobald du dich wohl, erleuchtet und berührt von liebenden Schwingungen fühlst, hast du die Kraft, das Feld zu erschaffen. Es wächst aus deinem Herzen heraus, erfüllt von göttlicher Liebe und Schöpferkraft.

In Gedanken bringst du nun dieses neue Feld zu dem schmerzhaften Feld und lässt es hineinsickern in die niedrige Schwingung. Nun kann sich alles erheben und neue Resonanzen können erschaffen werden.

Zusammenfassung:

- Du kannst jederzeit neue Energiefelder erschaffen.

☆☆☆

Wenn die Medialität Pause macht

Mediale, empathische und sensible Wahrnehmungen, die den feinstofflichen Bereich betreffen, sind nicht immer präsent. Das heißt, dass es immer wieder Phasen im Leben gibt, in denen einfach nur Ruhe herrscht und keine mediale Wahrnehmung stattfindet. Auch Empathie und Hochsensibilität sind nicht immer so eindrücklich präsent innerhalb verschiedener Phasen im Leben. Der Mensch ist schließlich keine Maschine, bei der immer alles gleich intensiv verläuft.

Obwohl mediales Wahrnehmen immer irgendwie vorhanden ist, ist es während dieser Phasen nicht offensichtlich erlebbar. Es schlummert sozusagen. Diese wahrnehmungslosen Lebensphasen können nur einzelne Tage betreffen, manchmal aber auch einige Wochen, Monate oder sogar Jahre.

Zu erleben, dass das gewohnte mediale Wahrnehmen Pause macht, kann manchmal beinahe besorgniserregend und beängstigend sein. Das betrifft vor allem Menschen, die vornehmlich die Wahrnehmungsschiene des Kommunikationskontakts bedienen. Auf einmal zeigen sich keine Engel mehr, mediale Botschaften werden nicht mehr vernommen, und das mediale Wissen scheint eingeschlafen zu sein. Selbst die sonst so aktiv wirkende Intuition lässt einen dann im Stich. Der Mensch fühlt sich wie blockiert, ausgebremst und von der Geistigen Welt ausgegrenzt. Was ist passiert? Und wann öffnen sich die Wahrnehmungskanäle wieder?

Lebensphasen voller Pausen können vorkommen, müssen aber nicht. Jeder Mensch erlebt hierbei individuelle Zustände. Das bedeutet, dass alles, was geschieht und erfahren wird, richtig ist, wie es ist. Wer also mediale Pausen erlebt, braucht sie auch. Sie sind ganz normal, schützen den Einzelnen und lassen ihm Zeit, in die neue Phase intensiver Medialität gemütlich hineinzuwachsen.

Pausen deuten darauf hin, dass eine neue Ära beginnen wird, die eventuell Zeit benötigt, um vom Menschen körperlich, geistig und seelisch verkraftet zu werden. Die Pause tut dann gut, um sich selbst wieder spüren zu können und sich auf den neuen Weg vorzubereiten. Dieser neue Weg kann zum Beispiel eine erweiterte Wahrnehmung einläuten. Oder ein anderes Spektrum der Wahrnehmung kennzeichnen. Vielleicht kann der Einzelne dann nach der Pause Kontakt aufnehmen mit einer sehr hochschwingenden Lichteinheit. Oder Engel werden jetzt sichtbar, statt nur spürbar zu sein. Ein Wahrnehmungskanal kann sich verändern oder ein neuer hinzukommen. Eventuell kommt eine neue Lebensaufgabe dazu, zum Beispiel, dass man plötzlich nach der Pause den Kontakt zu Verstorbenen erlebt.

Pausen treten vor allem während Übergangszeiten auf. Nicht selten sind sie gekoppelt an Lebenskrisen und Krankheiten, aber auch an körperliche Zeiten der Veränderung, zum Beispiel während der Pubertät, der Schwangerschaft, der Stillphase, der Wechseljahre und anderer körperlicher Veränderungen. Dasselbe gilt für Lebenseinschnitte wie Heirat, Berufswechsel, Umzug, Trennungen und Kennenlernphasen, wenn ein neuer Mensch ins Leben tritt als Freund, Kollege oder Lebenspartner.

Wer eher die Schiene des medial empathischen Kontakts erlebt, ist manchmal sogar sehr froh, mal nichts spüren zu müssen, mit keinen Energiefeldern in Resonanz zu gehen und einfach mal nur seine Ruhe zu haben. Permanent mit eigenen und fremden Resonanzfeldern konfrontiert zu sein, die ja überwiegend belastend erlebt werden, raubt oft viel Kraft. Nicht jeder

Mensch ist körperlich, geistig und seelisch in der Lage, ständig „online“ zu sein. Pausen sind dann wichtige Phasen der Regeneration, ein Urlaub vom Dienst an der Menschheit.

Da ich persönlich oft mit allerlei Krankheiten zu tun habe, erlebe ich diese Phasen in doppelter Hinsicht als sehr interessant. In vielen Fällen bedeuten mediale Pausen für mich die ersehnte Erholung. Manchmal aber ist die Zeit der Krankheit geprägt von verstärkter medialer Wahrnehmung. Das gilt vor allem für Krankheiten, die mich ans Bett binden, wie grippale Infekte mit Fieber oder orthopädische Beeinträchtigungen, die mich unbeweglich machen, wie zum Beispiel ein Hexenschuss, Bein- und Rückenschmerzen. Dann muss ich meine täglichen Aktivitäten stark zurückfahren und verbringe sehr viel Zeit im Bett oder auf dem Sofa. Während dieser Zeit ist dann meine Aufmerksamkeit automatisch mehr im Inneren. Neue Wahrnehmungskanäle können sich öffnen.

Achte einmal innerhalb deines Alltags auf solche Zusammenhänge. Bist du jemand, der fast immer aufnahmefähig ist, kaum Pausen erlebt oder sogar permanent im Einsatz ist?

Oder bemerkst du Zeiten im Leben, in denen du weniger zugänglich bist für mediale Wahrnehmungen oder der Kontakt sogar gänzlich abzubrechen scheint?

In Wirklichkeit findet Verbundenheit immer statt. Es gibt also keinen wirklichen Abbruch medialer Wahrnehmungen. Aber dein Körper, dein Geist und deine Seele initiieren immer wieder sinnvolle Grenzen in dir, sodass du dann nur noch wenig oder gar nichts wahrnimmst. Deine Wahrnehmungskanäle schlafen dann tatsächlich.

Wie auch immer du es erlebst, es ist richtig so. Deine innere Weisheit initiiert immer genau das, was für dich im Moment gut und richtig ist. Dieser Weisheit kannst du vertrauen. Gräme dich also nicht, wenn du eine Pause spürst. Sie erfüllt ihren Sinn, ganz individuell.

Du kannst die Pause auch nicht mit Willenskraft beeinflussen. Mediale Übungen, Bitten und Gebete – nichts kann den Prozess, in der Pause zu sein, beschleunigen. Auch wenn manchmal Jahre vergehen, bis so eine Pause zu Ende ist, es ist alles in Ordnung. Sobald du innerlich bereit und offen bist, dich und deine Medialität anzunehmen, kann alles so geschehen, wie es geschehen soll, mit medialen Pausen oder ohne.

Zusammenfassung:

- Mediale Pausen sind normal und gehören zu deinen individuellen Erfahrungen im Leben.

☆☆☆

Mediale Belagerungen

Gibt es so etwas überhaupt, dass ein medialer Mensch einfach keine Ruhe mehr findet, weil die Geistige Welt jemanden hat, über den sie im Irdischen kommunizieren kann?

Bei Menschen, die vorwiegend medial empathische Kontakte erleben, kann das Gefühl der Belagerung durchaus gegeben sein. Manchmal scheint es, dass ein Energiefeld nach dem anderen mit dem medial veranlagten Menschen in Resonanz geht und ihn entsprechend plagt.

Leider gibt es keinen Aus-Knopf für Resonanz. Wie wir schon wissen, geschieht Resonanz dann, wenn sie zur Bestimmung des Einzelnen gehört. So kann es also sein, dass manche Menschen extrem auf bestimmte Felder reagieren, andere überhaupt nicht. Dafür reagieren sie mit anderen Feldern. Wichtig ist es, seinen eigenen Energiemodus zu kennen und immer wieder Kraft zu tanken, um sich zum Heilkanal zu machen. Dann ebbt die Resonanz ab und verschwindet gänzlich.

Anders sieht es bei medialen Kommunikationskontakten aus. Wahrhaftige Medien, die klar, stark, integer und souverän sind, werden von der Geistigen Welt bevorzugt „besucht“. Aber auch andere Medien werden gerne kontaktiert. Wer nicht in seiner Kraft ist, an sich zweifelt, gerade mit einer Krankheit oder Krise zu tun hat, wird gerne von niederen Wesenheiten „besucht“, wobei man hierbei eher von einer Belagerung sprechen kann.

Ja, leider gibt es mediale Menschen, die ständig von allerlei Wesenheiten und Energien aus der Geistigen Welt kontaktiert werden. Und wer diesem Gebaren keinen Einhalt gebietet, wird immer mehr frequentiert. Manchmal stehen die verstorbenen

Seelen sogar Schlange, um durchzukommen und wahrgenommen zu werden. Das gilt auch für Lichtwesen und andere Existenzen der Geistigen Welt, die unbedingt ihre Botschaften loswerden wollen.

Das kann für einen medialen Menschen sehr anstrengend sein, und das nicht nur körperlich, sondern auch geistig und seelisch, denn welcher Mensch ist permanent in seiner Kraft, fühlt sich stark, klar, souverän und integer? Niedrige Wesenheiten finden immer Schlupflöcher, um sich bemerkbar zu machen.

Da innerhalb der feinstofflichen Welt andere Parameter vorherrschen, ist es für geistige Wesen nicht immer sofort verständlich, dass innerhalb der irdischen Welt eine andere Schwingung, ein anderer Rhythmus und andere Voraussetzungen gelten. Menschen brauchen Zeit für sich selbst. Sie müssen schlafen, essen, trinken, sich erholen und ihren Alltag bewältigen, und daher ist die irdische Schwere für die Existenzformen der Geistigen Welt oft nicht nachvollziehbar und so fremd, dass sie vom Medium mit Worten klar und deutlich gemacht werden muss. Das heißt, der Mensch muss mit der Geistigen Welt klären, dass er jetzt schlafen, essen, ausruhen oder arbeiten muss.

Dieser Umstand gilt immer für alle Kommunikationskontakte. Empathische Kontakte von Energiefeldern unterliegen, wie wir wissen, anderen Bedingungen. Sie sind zum Teil immer spürbar, wenn sie spürbar sein sollen. Das Resonanzprinzip ist kein aktiver Kontakt, sondern geschieht einfach. Das heißt, du bist mit irgendeinem Energiefeld in Resonanz, ob es dir gerade passt, oder nicht. Diese Aufgabe gehört einfach zu dir und deiner Bestimmung in diesem Leben. Und dennoch kannst du selbst entscheiden, ob du jetzt im Augenblick genug Kraft hast, darauf zu reagieren.

Wenn ich zum Beispiel abends mit einem entsprechenden Energiefeld in Resonanz gehe, dann habe ich als Morgenmensch meistens nicht mehr genug Kraft, darauf einzugehen. Erst muss ich schlafen. Danach fühle ich mich wach und fit genug, um in Aktion zu treten und Heilkraft zu versenden.

Anders sieht es bei Kommunikationskontakten aus. Bei ihnen hast du sogar die Pflicht, dich nicht zu sehr vereinnahmen zu lassen. Alle direkten Kommunikationskontakte müssen vom Medium gesteuert werden. Klare Absichten und Absprachen können jederzeit zwischen der irdischen und der Geistigen Welt getroffen werden – ja, sie müssen es sogar, sonst kommt es zu Belagerungszuständen.

Da ich mit Kommunikationskontakten weniger zu tun habe, hat mich vor einigen Jahren ein solcher Kontakt sehr überrascht, als ich an einen unbekannten Urlaubsort kam, nichtsahnend, dass dort einige unerlöste Seelen auf Hilfe warteten. Zwar spürte ich die anstrengenden Energiefelder und sandte, so gut ich konnte, Heilkraft hinein. Doch die Seelen wollten unbedingt einen direkten Kontakt aufnehmen und baten mich vornehmlich beim Einschlafen um Hilfe. Ich spürte die Dringlichkeit der Seelen, endlich auf den richtigen Weg ins Licht gewiesen zu werden, und erschrak, wie viele Seelen sich wie in einer Warteschlage angestellt hatten, um durch mich direkte Hilfe zu bekommen. Doch ich war hundemüde und sagte ihnen laut, dass ich zu dieser Uhrzeit nicht arbeiten würde. Sie mussten sich allesamt gedulden, denn mein Schlaf war mir wichtig und unabdingbar, um ihnen mit voller Kraft zur Seite stehen zu können. Am nächsten Tag widmete ich mich ihrem Anliegen. Die wartenden Seelen hatten meine Bitte verstanden, die ich mit klaren und eindeutigen Worten zum Ausdruck gebracht hatte.

Mein Tipp deshalb für dich: Führe „Sprechzeiten" für die Geistige Welt ein! Und selbst wenn doch eine geistige Existenz versucht, dich sofort zu kontaktieren, hast du das Recht, Nein zu sagen und einen anderen Termin anzubieten.

Das alles klingt irrwitzig, aber ich meine es durchaus ernst. Terminabsprachen sind wichtig, um ein klarer Kanal zu sein und selbst genug Kraft zu haben, deiner Aufgabe optimal gerecht zu werden. Die Geistige Welt ist in der Lage, irdische Parameter zu respektieren, wenn du sie ihnen erklärst.

Solltest du spüren, dass du einem Kommunikationskontakt nicht gewachsen bist oder es dich zurzeit überfordert, medial tätig zu sein, dann bring das klar zum Ausdruck. Liebevolle und lichtvolle geistige Existenzen halten sich immer an deine Vorgaben.

Anders sieht es aus bei niedrigschwingenden geistigen Wesen. Es kann sein, dass du von ihnen bedrängt wirst. Dann musst du dich wehren! Wer sich nicht benimmt, erhält keinen Service. Das gilt fürs Diesseits und fürs Jenseits gleichermaßen. Es ist wichtig, Grenzen zu setzen. Für manche Medien ist das ein großes Lernfeld. Auch ich musste lernen, Grenzen zu setzen und aus der Opferrolle auszusteigen. Oft haben hochsensible, empathische und mediale Menschen Schwierigkeiten, ihre Grenzen zu erkennen und anderen gegenüber deutlich zu machen.

Lass dir bei diesen Lernschritten helfen, falls du es nicht alleine schaffst.

Seien es feinstoffliche Klienten oder grobstoffliche Klienten, menschliche Grundbedürfnisse wie Schlaf und Nahrung sollten bei jeglicher Kommunikation, sei sie medial oder nicht-medial, von allen Beteiligten respektiert werden, was für alle Arten von Dienstleistungen gilt – hüben wie drüben.

Da ich ein Morgenmensch bin, der am späteren Vormittag am leistungsfähigsten ist, behandele ich keine Patienten oder Klienten am Abend. Abends möchte ich meine Ruhe haben und gehe dann noch nicht einmal ans Telefon. Der Abend gehört mir, und alle Existenzen aus feinstofflichem oder grobstofflichem Bereich akzeptieren das mittlerweile anstandslos. Wer das nicht respektiert, erhält keine Dienstleistung.

Klare Ansagen gelten deshalb für jeden, der mit medialen Wahrnehmungen zu tun hat. Zur Kommunikation gehören klare Regeln von beiden Seiten; nur so wird sie gelingen. Viele Menschen sind aber so berührt davon, mit der Geistigen Welt zu kommunizieren, dass sie jederzeit bereit und offen sind für Kontakte aller Art und leiden daher nicht selten unter Minderwertigkeitskomplexen oder falschen Glaubenssätzen, – in der festen Meinung, die Geistige Welt würde über uns Menschen stehen und dürfe jederzeit die Dienste eines medialen Menschen in Anspruch nehmen.

Dem ist nicht so! Im gesamten Universum gibt es nichts anderes als Gleichheit. Niemand ist höherwertiger als ein anderer – kein einziges Geschöpf und auch keine feinstoffliche Existenz. Denn alles ist eins und stammt aus derselben göttlichen Schöpferquelle und lässt sich weder in Besser, Höher oder Schlechter und Minderwertiger einteilen.

Dieser geistige Irrtum sollte schnell erkannt werden, denn er nimmt den Druck heraus, permanent als Dienstleister zur Verfügung stehen zu müssen.

Während man beim empathischen Kontakt zwar keinen Einfluss auf den Resonanzeffekt hat und schmerzende Felder in sich selbst spürt, kann man trotzdem selbst entscheiden, wann und wie man Heilkraft versendet. Diese Freiheit hat jedes Medium.

Beim medialen Kommunikationskontakt kann und muss man entscheiden, wann man mit wem kommuniziert. Mediale Menschen sollten der Geistigen Welt nicht uneingeschränkt zur Verfügung stehen und sich „benutzen" lassen. So etwas ist auch nicht im Sinne der Geistigen Welt. Auch bei der Kommunikation mit geistigen Wesen sollte stets das Miteinander berücksichtigt werden.

Ich persönlich finde es ganz und gar nicht in Ordnung, wenn die Geistige Welt Menschen einseitig als Sprachrohr für ihre Belange benutzt. Sollte das geschehen, handelt es sich dabei immer um niedrigschwingende geistige Wesenheiten. Lichtvolle und hochschwingende Energien sind auf einen gegenseitigen Kontakt aus, ein wirkliches Miteinander, und nicht nur auf eine Gelegenheit, sich selbst mitzuteilen und darzustellen. So ein Verhalten ist übergriffig und kommt eben nur bei niedrigschwingenden Energien vor.

Natürlich kann es sein, dass sich plötzlich eine feinstoffliche Wesenheit bei dir meldet. Du erhältst dann Visionen, ein besonderes Wissen oder konkrete Worte. Wenn es dir passt, kannst du gerne auf dieses Gespräch eingehen. Falls nicht, dann gib einfach Bescheid, dass es jetzt gerade nicht in deinem Sinn ist, Zuhörer oder Gesprächspartner zu sein.

Die meisten geistigen Wesenheiten „melden sich an" und überfallen oder überrumpeln dich nicht. Sie sind respektvoll und höflich und überlassen dir die Entscheidung, wann die Kommunikation passt.

Meistens machen sie sich auch nur zu deiner Freude bemerkbar. Einfach so. Als kleiner Gruß, als Trost, als liebevolles Zeichen oder zur Bestätigung, dass sie immer bei dir sind. Diese schönen, besonderen Momente schenken dir neue Kraft und

Zuversicht. Du kannst sie einfach nur genießen, aus Liebe und Freude heraus.

So blitzen bei mir im Umfeld immer wieder Engelwesen auf. Ich sehe sie als blitzende, farbige und strahlende Leuchtkugeln. Und weil Engel meiner Erfahrung nach sehr viel Humor haben, entdecke ich sie oft an ungewöhnlichen Orten, zum Beispiel auf der Toilette oder auf dem Fernseher. Auch die Besenkammer war schon ein beliebter Ort, um mich zum Lachen zu bringen.

Sollte eine Energie unbedingt durch dich sprechen oder handeln wollen, ohne dass du dein Einverständnis gegeben hast, dann stimmt etwas nicht. Wenn fremde Energien ungefragt in dich eindringen, dich vorübergehend besetzen und dich als Sprachrohr für ihre belehrenden Botschaften benutzen, dann lass dir das nicht gefallen!

Kommunikation, die von der Geistigen Welt ausgeht, ist immer liebevoll, gütig, behutsam und achtsam, und geschieht nur im Einklang mit deiner Einwilligung. Niemand hat das Recht, in dir, mit dir oder durch dich zu wirken, ohne dass du es willst!

Überlege dir deshalb gut, wem du deine Aufmerksamkeit, deine Zeit und auch deinen Körper widmest, selbst wenn du vielleicht total begeisterst bist, dass du überhaupt von der geistigen Seite aus kontaktiert wirst.

Zusammenfassung:

- Nur du allein entscheidest, wann du mit wem kommunizierst und deine Kraft zur Verfügung stellst.

Mediale Partnerschaften

Finden zwei mediale Menschen in Liebe zueinander, kann das ein großer Segen sein, aber auch eine große Herausforderung. Meistens verbinden ganz besondere Gefühle die Liebenden. Sie erleben im Alltag immer wieder eine wundervolle, ekstatische Art von Verbundenheit und sogar Verschmelzung. Während sie verbunden sind, spiegeln sie einander und sind sich selbst Resonanz. Ihr Energiepotenzial summiert sich dadurch und kann göttliche Dimensionen erreichen. Ja, der Himmel tut sich auf, und innerhalb dieser Wahrnehmungen verbinden sich Himmel und Erde.

Ein liebendes mediales Paar ist auf besondere Weise miteinander vereint. Zwei Herzen schlagen im gleichen Takt. Man spürt sich gegenseitig, man spiegelt sich, man fühlt sich aufs Innigste verbunden, man teilt Gedanken, Gefühle und dieselben Impulse zum Handeln.

Auch wenn ein Partner nicht räumlich anwesend ist und keine Möglichkeit zur verbalen Kommunikation besteht, so läuft die Kommunikation – medial. Der eine Partner spürt den anderen sogar im Körper. Bei manchen Paaren läuft diese Art der Kommunikation auf ideale Weise. Jeder Gedanke, jedes Empfinden wird geteilt, und das, wie schon gesagt, nicht selten über den Körper. Das bedeutet, dass sich das Paar gegenseitig körperlich spürt – in Form von Kribbeln, Hitzewellen, Energiestößen, erhebenden Gefühlen und den allerschönsten Empfindungen, die man sich nur vorstellen kann. Man könnte platzen vor lauter Glück, fühlt sich stark, euphorisch, körperlich wohl und voller Kraft. Ja, man könnte Bäume ausreißen. Und das Schöne ist, dass diese Empfindungen nicht weniger werden, wenn sich das Paar weiterhin aufrichtig liebt und diese Art der medialen Einheit in Liebe miteinander teilt.

Doch das irdische Leben unterliegt dualen Zuständen, und so gibt es auch innerhalb innigster medialer Partnerschaften ab und an anstrengende Momente. Nämlich dann, wenn der eine Partner plötzlich eine Krise oder Krankheit erlebt, und der andere nicht in der Lage ist, in diesem Fall Stärke zu bewahren und ebenfalls – durch die mediale Wahrnehmung ausgelöst – in eine Krise oder Krankheit fällt.

Es ist nicht immer einfach, als medialer Partner auszuhalten, dass es dem anderen gerade nicht gut geht, denn man erlebt das Leid des Partners am eigenen Leib und ist eingebunden in die Misere. Nun braucht es Stärke, um sich nicht ebenfalls „herunterziehen" zu lassen.

Es heißt zwar, geteiltes Leid ist halbes Leid, aber das gilt nur dann, wenn der nicht betroffene Partner die gemeinsame Schwingung hochhalten kann. Sonst stürzen beide ab. Und das endet dann meistens in einer totalen Überforderung, die sogar die Partnerschaft an sich gefährdet.

Wer sich von den leidvollen Erfahrungen des Partners überfordert fühlt, neigt zu Vorwürfen und übt nicht selten Druck auf den Partner aus, damit er sich wieder gut fühlt. Dann heißt es: „Fühl dich bitte sofort wieder gut, damit es mir auch wieder gut geht, weil ich das sonst nicht aushalte." Solche Sätze machen Druck und führen dann erst recht zur Krise.

Mediale Partnerschaften enden deshalb manchmal in einer Trennung, weil ein Partner oder beide nicht mit leidvollen Erfahrungen umgehen können. Schließlich müssen sie nicht nur die eigenen Erfahrungen ertragen, sondern auch die des anderen. Man spürt diese dann so sehr, dass man die Flucht ergreift, statt für den Partner da zu sein. Man will sich selbst schützen und zieht sich zurück oder trennt sich. Und *das* ist die große Herausforderung in medialen Partnerschaften.

Natürlich ist es allzu verständlich, dass es beinahe unerträglich für einen liebenden Menschen ist, wenn der geliebte Partner leidet. Zu wissen und direkt zu spüren, dass es ihm schlecht geht – aus welchen Gründen auch immer –, kann bei solch einer innigen Verbundenheit schon mal an die eigene Grenze führen. Schließlich möchte man mit einem Herzen voller Liebe nichts anderes, als dass es dem geliebten Menschen gut geht. Dass das innerhalb des irdischen Daseins nicht immer möglich ist, ist manchmal ein langwieriger Prozess der eigenen Bewusstseinsentwicklung.

Nicht einmal die tiefe, ehrliche, verbindende Liebe ist dann stark genug, die Krise des Partners abzuwenden. Sie muss durchlebt werden, auch wenn Heilkraft fließt. Nicht immer lassen sich schwierige Herausforderungen im Leben durch diese strahlende, heilende Energie auflösen, die man dem Partner schenkt. Aber die Krise lässt sich auf jeden Fall lindern und der schreckliche Schmerz, der damit verbunden ist, auch.

Geht es dem geliebten Partner schlecht, bedeutet das, dass es einem selbst fast noch schlechter geht, bedingt durch die liebende Verbundenheit und die tiefe Sehnsucht nach Wohlgefühl und Harmonie innerhalb der Partnerschaft. Es ist die Sehnsucht nach einem Miteinander, das hauptsächlich von dem Wunsch nach einem guten Leben getragen wird, möglichst ohne Krisen und Krankheiten. Die Grenzen verschwimmen, und die Medialität führt dann in einen symbiotischen Zustand, der nur noch Nähe und die Verschmelzung ersehnt – mit der Gefahr, sich selbst zu verlieren.

Hier heißt es, wie in jeder Partnerschaft, die eigene Schwäche nicht auf den Partner zu projizieren, sondern wirklich ganz bei sich zu bleiben und unterscheiden zu können, was zu einem selbst gehört, und was nicht. Zurück zum Individuum! heißt es jetzt. Die Verschmelzung aufheben, die Ich-Stärke in sich finden und in der Partnerschaft anwenden – das ist die Devise in dieser Zeit der Herausforderung. Schließlich ist der Zustand der absoluten Einheit nicht dauerhaft haltbar. Nähe und Einheit müssen sich abwechseln mit Individualität und der Wahrnehmung des eigenen Ichs. Und damit kann der Spannungsbogen zwischen dem Ich-Bewusstsein und dem Wir-Bewusstsein entstehen, sodass sich eine gesunde Dynamik entwickeln kann, in der man sich nicht gegenseitig aufreibt.

Für mediale Partner bedeutet das, sich bewusst zu machen, welch ein Geschenk eine solche Partnerschaft ist, und dass es Sinn macht, füreinander da zu sein, ohne sich selbst zu verlieren. Allerdings können das die wenigsten von sich aus, sondern müssen es mühsam erlernen. Aber es lohnt sich.

Und dann kommt deine Lebensbestimmung wieder zum Einsatz. Du nimmst diese Herausforderung an und sendest deinem Partner bewusst Heilkraft. Werde zum Kanal für heilsame Energiestrahlen, die du in sein Feld sendest oder sogar direkt in ihn hinein, nachdem du ihn gefragt hast, ob er sich das wünscht. Da dein Partner ebenfalls medial ist, könnt ihr offen über eure Medialität sprechen und euch gut austauschen.

Innerhalb einer medialen Partnerschaft ist es im Übrigen sehr wichtig, das Thema Medialität nicht unter den Tisch fallen zu lassen, sondern offen darüber zu kommunizieren, denn nicht immer teilt ihr dieselben Wahrnehmungskanäle. Es kann durchaus sein, dass du eher empathisch-medial bist, dein Partner aber besser Kommunikationskontakte mit der Geistigen Welt aufbauen kann. Je früher ihr über eure jeweilige Art der Medialität Bescheid wisst, desto eher könnt ihr Missverständnisse klären und für die Einzigartigkeit des anderen Verständnis zeigen.

Eine weitere Hürde, die medial veranlagte Paare bewältigen müssen, ist die der Langeweile, denn man ist sich so nahe, so ähnlich, so spiegelnd, dass die individuelle Entwicklung stagnieren kann, wenn sie nicht belebt wird. Dann „versumpft" man ineinander. Ja, auch diese Erfahrung gehört zum irdischen Leben und resultiert aus den gegebenen Umständen der Dualität. Dauerhafte Einheit benötigt einen Gegenspieler, und das ist die Individualität. Erst dann kommt wieder Bewegung in den Alltag. Konkret bedeutet das, sich ab und zu räumlich voneinander wegzubewegen und individuelle Erfahrungen zu sammeln. Auch wenn der Partner medial immer irgendwie „dabei" ist, geschieht die Grunderfahrung doch körperlich durch den Einzelnen.

Hiermit meine ich nicht, dass sich die Partner andere Partner suchen oder im Seitensprung Bewegung und Belebung finden, sondern etwas erleben sollen, was sie nur für sich alleine erleben. Sie stärken ihr Ich-Bewusstsein und bringen diese Erfahrung ergänzend wieder hinein in die Beziehung. Dadurch kommt frischer Wind in die Beziehung , und die Freude auf die erneute mediale Einheit wird aufs Neue entfacht.

Nicht alle Paare leiden irgendwann unter dieser Stagnation. Manche können trotz Nähe und Einheit unglaublich viel neue Energie erzeugen, die sie emporhebt und belebt. Andere hingegen müssen immer wieder mal nur sich selbst spüren, um erneut das innige Einssein erfüllend mit dem Partner zu erleben.

Manchmal treffen zwei mediale Menschen aufeinander, die sich wirklich so ähnlich sind, dass es fast schon unheimlich ist. Sie teilen dieselbe Art der Medialität und wirken auch nach außen hin wie aus einem Stück. Das könnten Dualseelen sein, was aber im täglichen Leben nicht wirklich wichtig ist. Wichtiger ist, dass ihr euch wohlfühlt miteinander und das große Potenzial gemeinsam erkennt, das euch vereint. Wenn ihr eure Liebe spiegelt, teilt, auf innige Weise spürt und mit allen Sinnen, auch im Körper, erlebt, dann ist das ein so großes Geschenk, dass ihr dieses Geschenk in Liebe und Dankbarkeit ehren und achten solltet. Setzt dann eure vereinte Liebe frei und folgt eurer Bestimmung. Ihr seid auserwählt, euch mit euren potenzierten Gaben für diese Welt einzusetzen. Lebt sie! Und schenkt sie der Welt! Ihr seid dermaßen lichtvoll, dass es eine Freude ist, euch gemeinsam als Paar zu erleben.

Werft dieses Geschenk bitte nicht weg, nur weil die irdischen Zustände eben auch Herausforderungen bringen.

In den meisten Fällen treffen innerhalb einer Partnerschaft zwei Menschen aufeinander, die entweder eine kaum ausgebildete Medialität miteinander teilen, diese unterdrücken, oder in der einer der Partner weit geöffnete mediale Kanäle besitzt und der andere nicht.

Es ist immer der mediale Partner, der trotz allem sehr viel mehr wahrnimmt und spürt und der diese Tatsache mit dem Partner nicht teilen kann. Derjenige, der seine Anlagen unterdrückt oder dem Thema Medialität kritisch und zweifelnd gegenübersteht, wird sich unwohl fühlen, wenn er vom anderen belehrende, missionierende oder drängende Impulse wahrnimmt, weshalb der mediale Partner jegliche Bekehrungsversuche unterlassen sollte. Die persönliche Entwicklung lässt sich nicht beschleunigen. Im Gegenteil: Ständige Hinweise und der belehrende „Wink mit dem Zaunpfahl“ führen eher dazu, dass sich der Partner genervt fühlt und sich endgültig verschließt. Also: Mediale Partner dürfen ihre kritischen Partner niemals überfordern!

Natürlich ist es für manch einen medialen Partner frustrierend, wenn der andere mauert oder sich sogar lustig macht über mediale Gaben. Das kann als Kränkung empfunden werden und tut auf Dauer weh, denn damit signalisiert der Partner, dass er den anderen nicht in seiner Ganzheit ehrt und achtet. Verachtendes, liebloses Verhalten ist dann meistens der Grund, warum sich solche Paare irgendwann trennen, wobei auch mediale Partner, wenn sie nicht empathisch und hochsensibel sind, der Grund für eine Trennung sein können. Nämlich dann, wenn sie ihre Gaben über die des Partners stellen und dessen Unfähigkeit, nichts mit Medialität anfangen zu können, in den Vordergrund stellen.

Einseitig gelebte Medialität ist also auch im Alltag ein nicht immer leichtes Unterfangen. Und doch ist es möglich, auch in solch einer Beziehung glücklich miteinander zu sein, wenn beide Seiten liebevoll miteinander umgehen. Gegenseitiges Verständnis, Respekt, Akzeptanz und Toleranz sind dabei unabdingbar, was heißt: Den anderen so zu lieben, wie er ist, und ihn nicht verändern zu wollen. Aber letztlich ist das die Basis einer jeden glücklichen Beziehung. Allerdings sollten die Partner sich nicht ständig nach einem ähnlichen Partner sehnen, während sie in einer ungleichen Partnerschaft weilen. Wer latent unzufrieden ist, weil er die Sehnsucht nach einem Partner in sich trägt, der so ist, wie man selbst, der wird in der aktuellen Beziehung selbst nicht mehr glücklich sein und dem anderen auch kein Glück mehr schenken können. Solche Beziehungen zerbrechen dann irgendwann, weil sich einer der Partner oder beide nicht mehr wirklich aufeinander einlassen können.

Manchmal kommt es zu Dreiecksbeziehungen. Sie entstehen, wenn sich in einer Partnerschaft plötzlich neue Möglichkeiten ergeben. Lernt zum Beispiel der mediale Partner einen ebenso medialen Partner kennen, kann das eine Krise in der bestehenden Beziehung auslösen, wenn der mediale Partner plötzlich die neue Chance der medialen Gemeinsamkeit wahrnimmt, die in der aktuellen Beziehung nicht gegeben ist, und erkennt, was mit dem neuen Partner alles möglich wäre. Das neue Potenzial kann dann so vielversprechend sein, dass es zu einer Trennung innerhalb der aktuellen Beziehung kommt und das mediale Paar nun den neuen Lebensweg gemeinsam geht.

Dreiecksbeziehungen, die für einen der Partner ganz neue Möglichkeiten schaffen, enden nicht selten in der Trennung und Neufindung. Doch diese neue Konstellation ist nur möglich, wenn die Parameter einigermaßen stimmen. Nicht immer ist es möglich, aus der aktuellen Beziehung auszubrechen. Und nicht immer ist es überhaupt möglich, mit dem neuen Partner zusammenzukommen – sei es, weil der Altersunterschied zu groß ist, die Lebenskonzepte nicht zusammenpassen oder bestehende Verpflichtungen nicht aufgegeben werden können.

Mediale Partner, die keine Chance für einen gemeinsamen Neuanfang haben, spüren den Schmerz gegenseitig, und oft braucht es viel Zeit und Mitgefühl mit sich selbst, um den Kummer zu überwinden. Und manches Mal bleibt eine ewige Sehnsucht nacheinander zurück und vielleicht eine wunderbare Verbundenheit, die Zeit und Raum sprengt und immer spürbar ist. Medial Liebende verlieren sich nie wirklich, wenn sie es nicht wollen. Sie tragen diese Verbundenheit in sich, auch wenn sie ihr Leben nicht miteinander teilen können.

Zusammenfassung:

- Mediale Partnerschaften sind nicht immer einfach zu führen, aber ihr Potenzial ist gigantisch.
- Ungleiche Partnerschaften tragen ebenso ein großes Potenzial in sich, wenn Toleranz, Respekt und Verständnis aufgebracht werden.

☆☆☆

Ausblick

Als Mensch im irdischen Kleid innerhalb irdischer Gegebenheiten und dualer Zustände werden wir alle diese menschliche Seelenerfahrung durchleben, ohne zu wissen, warum das Dasein so ist, wie es ist. All die Warum-Fragen, die das Leben, die Welt, den Kosmos, das Universum und das Seiende betreffen, werden wir zwar immer wieder stellen, aber nie eine objektiv wahre Antwort erhalten.

Alles ist miteinander verflochten, verwoben, verbunden. Alles ist eins, und ist es doch nicht. Jede Antwort ist einzig und allein eine Interpretation, eine Möglichkeit von unzähligen Möglichkeiten, und so ist es für das menschliche Gehirn verwirrend, die Gesamtzusammenhänge von Allem-was-ist nicht wirklich erklären und verstehen zu können.

Mikrokosmos, Makrokosmos, geistiges Bewusstsein, göttliche Schöpferkraft, schöpferische Liebesenergie, Geistige Welt und irdische Welt, interstellare Welt, Planeten, Universen, Tod und Leben, Seelenerfahrungen, Feinstofflichkeit, Daseinsformen – welche Frage wir auch immer stellen, es übersteigt unseren Horizont, all dies begreifen und erklären zu können. Es bleibt nichts anderes, als die Dinge so anzunehmen, wie sie sind.

Wir sind ein kleiner glühender Daseinsfunke innerhalb eines Systems, das sinnvoll und absurd zugleich ist. Wir sind ein Zeichen der Liebe, Teil eines Energiefelds, das alles sprengt, was wir uns überhaupt vorstellen können. Ein Teil von uns ist ewig, unsterblich, unvergänglich und reines Bewusstsein – und doch übersteigt diese Annahme jegliche Logik. Wir spüren und wissen tief in unserem Inneren, dass alles nichts ist als ein Traum, eine Form von Energie, ein Spiel des Bewusstseins, ein Impuls unvorstellbaren Ausmaßes. Aber nichts davon ist greifbar, erklärbar, messbar, beweisbar. Es entzieht sich der irdischen Parameter und fordert uns heraus, alle Vorstellungen immer wieder aufs Neue loszulassen. Am Schluss ist alles ein Wunder, und wir wissen, dass wir nichts wissen und auch niemals auf der irdischen Ebene endgültig wissen werden.

Und so ist jedes Wort, jede Wahrnehmung, jede Erfahrung real – und letztlich doch nur Schall und Rauch, erlebt innerhalb irdischer Parameter, gebunden an Zeit und Raum. Vielleicht ist alles nur ein Traum und nicht wirklich existent. Vielleicht ist alles ganz anders als gedacht. Vielleicht ist alles nur ein Abbild, ein Hologramm, ein Konstrukt einer Schwingung, die alles möglich macht.

Innerhalb dieser Schwingungskonstruktion befindet sich die Menschheit immer wieder aufs Neue an einem Wendepunkt. Ob sich ein neues Konstrukt bildet oder nicht, jeder Mensch ist in seinem Leben gerade dort, wo er hingehört. Er hat den Leib, der für ihn richtig ist. Er hat die Lebenszeit, die für ihn richtig ist. Er hat die Lebensumstände, die für ihn richtig sind. Er hat die Lebensaufgaben, die für ihn richtig sind. Er hat die Lebensherausforderungen, die für ihn richtig sind. Alles-was-ist und was erfahren wurde und wird, ist richtig. Innerhalb des irdischen Daseins gibt es nur das: Eine richtige Konstellation, die individuell und einzigartig ist, so, wie jeder von uns individuell und einzigartig ist.

Deshalb gilt es, alle Gaben im Leben anzunehmen, wie sie sind. Dazu gehört nicht nur die Gabe der Empathie, der Hochsensibilität und der Medialität. Jeder von uns bringt unzählige Gaben ins Leben mit. Sie sind sein Werkzeug, um diesem Leben

Gestalt zu geben, auch wenn wir all die Warum-Fragen nicht befriedigend beantworten können.

Allein die Tatsache, dass es jeden von uns gibt, jetzt, in diesem Moment, ist Grund genug, zu allen irdischen Erfahrungen Ja zu sagen. Und zu sich selbst. Erkenne den Schatz in dir selbst! Erkenne dein inneres Licht und deine Gaben und Begabungen. Erkenne deinen Lebensweg und betrachte ihn als erfüllend, sich verändernd, sich entwickelnd, flexibel und großartig. Und zugleich als vorherbestimmt – und dennoch deinem freien Willen im Netz der Möglichkeiten folgend.

Erschaffe dir Möglichkeiten, die deiner Bestimmung entsprechen, und verändere sie so, dass sie dem Wohl der Schöpfung dienen, dieser besonderen Einheit von Allem-was-ist.

Der Ausblick in die Zukunft bedeutet, sich dieser Einheit immer mehr bewusst zu sein, sie ins irdische Dasein zu träumen, zu manifestieren, zu integrieren. Sie irdisch werden zu lassen. Mediale Gaben helfen dabei, diesem Bewusstseinsprozess Schritt für Schritt zu folgen. In Wirklichkeit ist ja alles schon da, alles ist erreicht, alles ist vollbracht, alles ist schon lange eins. Alles hat sich erfüllt. Doch das wirklich zu begreifen und zu erleben ist innerhalb des irdischen Rahmens nicht möglich, denn wir sind mittendrin in unserer linearen Erfahrungswelt.

Wir sind alles. Und wir sind nichts. Dazwischen findet das Leben statt und macht uns bewusst, dass die Schöpfung, so, wie wir sie erleben, nichts anderes ist als eine kreative Schwingung der liebenden Schöpferkraft. Wir sind Klang und Licht und Wort. Wir sind eine individuelle Schwingung in Form eines wunderbaren Menschen hier auf dieser Ebene, und werden noch viele Formen und Schwingungen auf anderen Ebenen erleben.

Aber jetzt, jetzt leben wir unsere Bestimmung für dieses Leben und machen das Beste daraus.

In diesem Sinne: Verströmt euch! Liebt euch selbst! Liebt die Schöpfung und eure Lebensaufgaben! Genießt das Leben und taucht immer wieder ein in das Gefühl von Freude, Dankbarkeit und Erfüllung!

Ich bin bei euch!

Eure Zora

Manifestationsgebete der Bereitschaft

Ja, ich bin bereit,
alle meine Gaben
und Seelenaufgaben
in dieses Leben einzubringen.
Ich bin bereit,
die Bestimmung in meinem Leben anzunehmen
und in meine Kraft zu kommen,
diese Bestimmung zu erfüllen,
ohne Murren und Knurren,
sondern mit Tatkraft
und der Gewissheit,
dass meine Gaben hier gebraucht werden

Ja, ich bin bereit,
meine Gaben dieser Welt zu schenken,
ganz individuell,
so, wie es meinen Gaben entspricht.
Ich nehme diese Herausforderung an,
denn ich weiß,
dass ich geschaffen wurde für diese Aufgabe.

Ja, ich bin bereit,
aus dem Untergrund und dem Rückzug herauszutreten
und anstrengende Empfindungen ebenso anzunehmen
wie das große Potenzial in mir.
Heilkraft fließen zu lassen
und Felder voller Schmerz und Pein zu erlösen.

Ja, ich bin bereit,
die Fülle zu empfangen,
die sich in mir ausbreitet,
wenn ich meiner Seelenaufgabe folge
und glücklich bin,
meinen Teil beitragen zu können
zur Verwandlung, Erlösung und Heilung der Schöpfung.

Ja, ich bin bereit,
in mir selbst die Stärke zu spüren,
die dieses Leben mir schenkt,
mit Hilfe meiner Gaben,
unter welchen Umständen auch immer,
ein Kanal für lichtvolle und liebevolle Schwingungen zu sein.

Ja, ich bin bereit,
dankbar zu sein für genau das,
was mir in die Wiege gelegt wurde
und was sich in mir weiter entfaltet
an unendlichen Möglichkeiten
meiner Seele, meines Körpers und meines Geistes.

Ja, ich bin bereit,
Schritt für Schritt weiterzugehen
und mich nicht von Fehlentscheidungen,
äußeren Schwierigkeiten und individuellen Herausforderungen
abhalten zu lassen,
meiner Bestimmung zu folgen.

Ja, ich bin bereit,
der/die zu sein,
der/die ich bin,
gemacht aus einer göttlichen
Schwingung der Liebe,
einzigartig und auserwählt,
genau dieser Bestimmung zu folgen.

Ja, ich bin bereit,
diesen Dienst täglich anzunehmen
und auszuführen,
so gut ich kann,
mit all meiner Kraft und Liebe,
mit all meinem Wissen und Können,
mit all meiner Dankbarkeit und Hingabe.

Ja, ich bin bereit,
meinem Leben Gestalt zu geben,
so, wie es meiner Bestimmung entspricht,
und eine Spur der Liebe
im Leben zu hinterlassen,
wo auch immer ich bin,
wie auch immer sich mein Einsatz gestaltet,
wofür auch immer meine Gaben gebraucht werden.

Ja, ich bin bereit,
darauf zu vertrauen, dass sich in mir und mit mir
und durch mich
alles so entfaltet, wie es sein soll,
und dass meine Gaben ein göttliches Werkzeug sind,
um hier mein Bestes zu geben,
und dafür lichtvolle Freude zu empfangen
und Sinn zu empfinden
in all meinem Dasein, meinem Fühlen, Denken und Handeln.

Ich bin dankbar, dass ich so bin, wie ich bin.
Amen

Über die Autorin

Zora Gienger war schon als Kind mit den lichten Reichen der Geistigen Welt in Verbindung. Als Lichtheilerin, Poetin, Tänzerin und Künstlerin übermittelt sie liebevolle, warmherzige und heilsame Botschaften aus der feinstofflichen Welt. Vor allem aber folgt sie als Autorin und Schriftstellerin dem Ruf ihrer Seele und möchte möglichst vielen Menschen mit Weisheiten voller Liebe, Zuversicht und Heilkraft zur Seite stehen.

Ihre große Liebe und Seelenaufgabe gilt dem Schreiben und der Poesie. Sie schreibt Märchen, Erzählungen und Geschichten voller Weisheit und übermittelt spirituelle Botschaften, die anderen Menschen helfen sollen, sich selbst und das Dasein besser zu verstehen und liebevoll anzunehmen. So, wie viele andere Engel auf Erden, sieht sie die Welt mit anderen Augen und tut sich manchmal schwer mit den irdischen Gepflogenheiten. Hochsensibel und stets offen für die lichten Welten möchte sie anderen Menschen vermitteln, wie freudvoll und erfüllend das Leben auf der Erde sein kann, wenn die innere Weisheit ungehindert nach außen fließen kann und der Mensch auf die Botschaften der Seele hört.

www.zora-gienger.de oder **www.praxis-gienger.de**

Buchempfehlungen

Zora Gienger

Liebespaare der Neuen Zeit

216 Seiten, A5, broschiert

ISBN 978-3-95531-034-9

Die Sehnsucht nach einem Lebenspartner, der gleichzeitig auch ein Seelen- und Herzenspartner ist, wird immer wichtiger.
Zora Gienger beschreibt, wer diese neuen Liebespaare sind, wie sie leben und wie es ihnen gelingt, ihre Partnerschaft zu einem strahlenden Leuchtfeuer der Heilkraft zum Wohl aller zu werden.
Zahlreiche Übungen der ausstrahlenden Liebe geben ein einfaches, aber sehr wirkungsvolles Werkzeug an die Hand, um mit Hilfe der fließenden Liebe wunderbare Veränderungen anzustreben und eine glückliche Seelen- und Herzenspartnerschaft zu führen, die Erfüllung und Freude schenkt.

Zora Gienger
Engelseelen – Wegbereiter und Toröffner
232 Seiten, A5, broschiert
ISBN 978-3-95531-143-8

Dieses Buch beschreibt das Leben und Wirken von Engelseelen auf der Erde, ihre Besonderheiten und ihr Wesen. Es ermöglicht allen Engelseelen, sich als solche zu erkennen und ihre Lebensaufgaben als Mensch mit einem besseren Selbstverständnis und mehr Wohlbefinden zu meistern.
Doch wer sind diese Engelseelen?
Engelseelen sind Engel in Menschengestalt, die auf der Erde inkarnieren, um hier – gemäß ihrem Seelenauftrag – engelgleiche Aufgaben zu übernehmen. Sie passen sich komplett den Gepflogenheiten unseres Planeten an und erfüllen ihre Aufgaben, so gut sie können.
Das Wissen über die Engelseelen wird ergänzt durch Meditationen, Übungen, poetische Texte und Gebete.

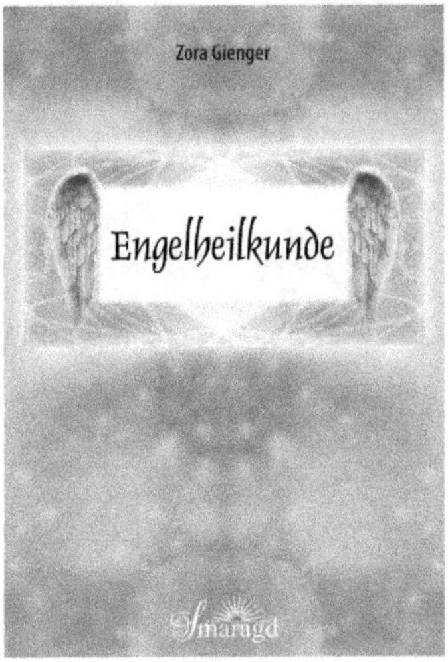

Zora Gienger

Engelheilkunde

216 Seiten, A5, gebunden, mit Leseband

ISBN 978-3-95531-165-0

Die Engelheilkunde gehört zum Bereich des geistigen Heilens und stellt die liebevollste und einzigartige Art des geistigen Heilens dar. Hierbei findet die wunderbare, lichtvolle und heilsame Energie der Engel konkrete und bodenständige Anwendung, indem ein eigener Heilengel kreiert wird, der jederzeit für alle Lebenslagen zur Verfügung steht und den Zugang zur eigenen Seele und zur höheren göttlichen Ordnung öffnet, um heilende Energien der Liebe fließen zu lassen und die Selbstheilungskräfte in Leib und Seele zu aktivieren.
Die liebende Heilkraft der Engel wirkt wohltuend auf körperliche Beschwerden, Krankheiten, schmerzhafte Seelenzustände, bei Schicksalsschlägen und während Zeiten der Veränderung, des Wachstums und der Neuorientierung. Es geht um tiefe Transformationsprozesse während großer Herausforderungen im Leben, um Neuorientierung und Neuanfang.

Karina Maria Wohnig

Seelengärtnern

Spirituell-schamanische Innenweltreisen

200 Seiten, A5, broschiert

ISBN 978-3-95531-183-4

Die Reise in den Seelengarten ist dein Einstieg in die spirituell-schamanische Arbeit. Du lernst das Reisen in innere Welten, begegnest deinen GeistführerInnen, deinem Schutzengel, deinem Krafttier. Durch das Seelengärtnern bewegst du nicht nur deine innere Welt, sondern nimmst auch dein Schöpfertum an und führst dein reales Leben in die wahre Fülle. Zum guten Schluss lernst du das Erkennen und Nutzen von inneren Portalen, die dich weiter fortführen als ein Flugzeug oder Zug es je könnten. Und die große Reise durch das Universum, das du selbst bist, beginnt...

„Seelengärtnern" ist nicht nur eine Reise auf deinem persönlichen Lebensbaum, sondern ermöglicht es dir, noch einen Schritt weiterzugehen und einen Lichtfunken der Hoffnung für den ganzen Kosmos zu entzünden.